改变世界的书

[美] 斯科特·克里斯蒂安森 [美] 科林·索尔特 著 阿里 译

Scott Christianson & Colin Salter

GUANGXI NORMAL UNIVERSITY PRESS
广西师范大学出版社
·桂林·

改变世界的书
GAIBIAN SHIJIE DE SHU

出 品 人：刘春荣
策划编辑：恰 恰
责任编辑：陈美玲
助理编辑：任建辉
责任技编：郭 鹏
装帧设计：赵 瑾

100 Books That Changed the World
By Scott Christianson and Colin Salter

First published in Great Britain in 2018 by Batsford
An imprint of Pavilion Books Company Limited, 43 Great Ormond Street, London WC1N 3HZ

著作权合同登记号桂图登字：20-2018-141 号

图书在版编目（CIP）数据

改变世界的书 /（美）斯科特 • 克里斯蒂安森，（美）科林 • 索尔特著 ；阿里译．—桂林：广西师范大学出版社，2019.12（2022.6 重印）
书名原文: 100 Books that changed the world
ISBN 978-7-5598-2218-5

Ⅰ．①改… Ⅱ．①斯…②科…③阿… Ⅲ．①推荐书目—世界 Ⅳ．①Z835

中国版本图书馆 CIP 数据核字（2019）第 200267 号

广西师范大学出版社出版发行
（广西桂林市五里店路 9 号 邮政编码：541004
网址：http://www.bbtpress.com）
出版人：黄轩庄
全国新华书店经销
广西广大印务有限责任公司印刷
（桂林市临桂区秧塘工业园西城大道北侧广西师范大学出版社集团有限公司创意产业园内 邮政编码：541199）
开本：787 mm × 1 092 mm 1/16
印张：14 字数：160 千字
2019 年 12 月第 1 版 2022 年 6 月第 3 次印刷
定价：98.00 元

目 录

导 言

你最喜爱的书是什么？为什么它启发了你？它让你笑了吗？还是让你哭了？或是让你惊叹不已？它改变了你的世界了吗？现在想象一下，试着不只是从你自己的书架上，也不只是从你当地的图书馆里，而是从整个文字的历史中选出一百本书。

那么你将如何选择呢？你该从何处开始呢？

本书开始于一本有着四千八百年历史的卜书——《易经》，它以投掷六枚钱币预测未来，以21世纪的另一本预言书——娜奥米·克莱恩的《改变一切》——作为结束，这本书预言如果我们不采取集体行动作出改变，那么这个星球将会毁灭。在本书的中间部分，我们的书单来自各个时代，包含了各种风格及主题。这些书全都改变了其读者以及我们的世界。

最古老的印刷文字被印在未干的泥土上，经过烘烤得以留存。书写的发展使得将文字誊写到纸莎草纸、皮纸或纸上变得更加容易。但是，要制作一本带精美插图的手抄本《圣经》，仍需要一群僧侣花费几年的时间。印刷术的发明真正改变了世界。1450年代，《圣经》成了第一本用活字印刷的书籍。虽然古登堡三年间也只印刷了大概180册，但这已经比僧侣们要快得多了。

科学与魔法

图书的批量生产不仅降低了成本，也加速了知识传播与思想交流。在古登堡的发明之后，第一批科学著作开始出现在我们这份“改变世界的书”的清单上。哥白尼以《天球运行论》（1543年）引领了近代思想的潮流。本书包括了罗伯特·胡克的显微图像（《显微制图》，1665年），牛顿的数学（《自然哲学的数学原理》，1687年）以及卡尔·林奈的物种分类（《植物种志》，1753年）。他们每个人都得益于书籍中的思想交流以及自己特别的天才洞见。他们每个人的著作又反过来被其他人阅读。亨利·格雷的《格氏解剖学》（1858

NICOLAI
COPERNICI TO-
RINENSIS DE REVOLVTIONI-
bus orbium cœlestium,
Libri VI.
IN QVIBVS STELLARVM ET FI-
XARVM ET ERRATICARVM MOTVS, EX VETE-
ribus atq; recentibus obseruationibus, restituit hic autor.
Præterea tabulas expeditas luculentasq; addidit, ex qui-
bus eosdem motus ad quoduis tempus Mathe-
matum studiosus facillime calcu-
lare poterit.
ITEM, DE LIBRIS REVOLVTIONVM NICOLAI
Copernici Narratio prima, per M. Georgium Ioachi-
mum Rheticum ad D. Ioan. Schone-
rum scripta.
Cum Gratia & Priuilegio Cæs. Maiest.
BASILEAE, EX OFFICINA
HENRICPETRINA.

哥白尼《天球运行论》（1543年）反驳了统治西方十四个世纪之久的地心说（见第49页）

首部摄影类商业图书《自然的画笔》中的一张整页插图（见第95页）

年）、查尔斯·达尔文的《物种起源》（1859年）以及阿尔伯特·爱因斯坦的《狭义与广义相对论浅说》（1917年）全都是，以牛顿的话说，“站在巨人的肩膀上”。书籍将新知识带到了未来。

与在其五百年后发展起来的互联网一样，印刷术使得世界缩小。现在，你几乎在一瞬之间就可以与地球另一侧的朋友或同事共享信息或是问他们问题。或者你还可以发送表情符号：毕竟，并非所有的文字信息都会改变世界。

也并非每本书都会改变世界。不过，已知最古老的文学作品《吉尔伽美什史诗》（约公元前2100年）也在这份书单中。苏美尔人的这篇有关诸神与人的故事，在现如今或许会被形容为魔幻现实主义。后来加入这一结合了魔法与现实行列的，有公元 9 世纪的《天方夜谭》与加西亚·马尔克斯 1967 年的小说《百年孤独》。文学将魔法带到了千年之后。

内心世界与外在世界

故事书在我们的书单里占了很大一部分。回首过去，我们歆羡几个世纪前的小说揭示出了其所处的时代。例如，杰弗里·乔叟的《坎特伯雷故事集》（1390 年代）与简·奥斯丁的《傲慢与偏见》（1813 年）都是那个时代和地方的剪影。不过对于其最初的和现代的读者而言，那些古老的文学作品还表达了更多的东西：人类的境况。最佳的文学向我们展示了我们自己最好与最坏的一面。人都有缺陷，我们也更容易看到别人而不是自己的缺点，尤其是当这些都处在一个完全虚构的世界里的时候，比如说乔纳森·斯威夫特的《格列佛游记》（1726 年）里的情形。不过我们也都有善良的一面，这在小说里的英雄身上得到了具象化。无论堂吉诃德如何走火入魔，他仍然向我们展现出了一个高贵非凡的灵魂。另一个在探索中的角色哈利·波特，则是令我们所有人都向往成为的道德楷模。

好的文学作品通过帮助我们理解人类的行为举止，改变我们的内心世界。有时它会走得更远，进而改变我们周遭的世界。查尔斯·狄更斯对维多利亚时期社会贫困的观察，对改善工人阶级境况起了重要作用。亚历山大·索尔仁尼琴的《伊凡·杰尼索维奇的一天》（1962 年），是照见古拉格集中营中不为人知的残酷暴行的第一缕光芒，并且召唤了更多的、足以将人带往白昼的光芒。

书籍可以是非常精美的物品，不过这里我们关心的是书籍的内在美，是其语言的力量，以及仅凭些许精心挑选的字词就能令我们惊奇地发现新的思维方式的能力。字词的强大力量体现在许多方面：它可以唤起回忆、渲染情感、循循善诱、作出规范、提供信息或让人误导，它可以抒情、悦人耳目、使人迷惑或启迪心智。字词可以做到一个好的作者想让它为自己的读者做的任何事。

宗教写作或许是写作当中最具力量的了，因而也是最危险与最具启发性的。《律法书》《古兰经》以及《圣经》都在我们的书单里，不过那些展示了过度宗教狂热之丑陋的书也在里面。安妮·弗兰克的《安妮日记》（1947 年）与阿特·斯皮格曼的《鼠族》（1991 年）大相径庭，但同样都是对纳粹迫害犹太人的有力记录。

伟大思想与好帮手

虚构类与纪实类图书都可以改变世界。哲学可以说是介于这两者之间的另一种试着解释人类境况的方式。每个时代似乎都匆忙搭建起自己的一套说辞，来说明我们所行的以及应当行的。时代在变，我们也在书的帮助下随之改变。孙武的《孙子兵法》（约公元前 512 年）让位给了马基雅维利的《君主论》（1532 年）；亚当·斯密的《国富论》（1776 年）遭受了约翰·梅纳德·凯恩斯的《就业、利息和货币通论》（1936 年）的质疑；卡尔·马克思的《资本论》（1867 年）在托马斯·皮凯蒂的《21 世纪资本论》（2013 年）中被重新审视。

在改变男性对女性的态度以及女人对自身的态度方面，书籍发挥了特别重要的作用。托马斯·潘恩于 1791 年发表了政治论文《人的权利》，一年后玛丽·沃斯通克拉夫特便发表了《女权辩护》，这也是早期女权主义思想的一座里程碑。我们选的书目还包括了西蒙娜·德·波伏娃的《第二性》（1949 年）以及贝蒂·弗里丹的《女性的奥秘》（1963 年）。

书籍不一定要有伟大的思想才能改变世界。有些书仅是想帮助你应对工作和家庭中的日常生活。因此，我们收入了比顿夫人的家政圣经《比顿夫人的家政管理》（1861 年），这本书改变了 19 世纪中产阶级妇女的生活，就像伊丽莎白·大卫的《地中海风味料理》（1950 年）在 20 世纪所做的一样。戴尔·卡内基在 1936 年提出的商业建议在其出版的八十多年后，仍在教导我们“如何赢得友谊及影响他人”。《爱经》（约公元前 400—公元 200）与《金赛性学报告》（1948—1953）时隔两千年，是对同一主题的两种截然不同的路径。

改变你的世界

在我们选取的书中，有一半是每个人都会认同应该包括在内的。至于其他的那些，几乎所有人都会有不同意见。荣格是否应该代替弗洛伊德？应该包括《大卫·科波菲尔》还是《远大前程》？应该选罗伯特·波西格的《禅与摩托车维修艺术》，还是马克·齐默尔曼的《摩托车维修必要指南》？为什么《戴高帽的猫》优于《绿鸡蛋和火腿》？

世界上的书浩如烟海。在美国，每年出版的书籍与人口比大概为 1 ∶ 1000，也就是每年有超过 30 万种新书。在英国，大概是 350 个人一种新书。在中国，差不多 3000 个人一种新书——仅中国，每年就有 44 万种新书或再版书。全球每年总共约有 225 万种新出版物。我们希望《改变世界的书》是对世界图书馆的一个适度而有益的补充。如果它让你质疑了你自己或我们的选择，抑或为你介绍了一本最终改变了你的世界的书，那么我们的工作就算完成了。

D. H. 劳伦斯《查泰莱夫人的情人》未删本在 1960 年的出版，标志着迈向写作自由的关键一步（见第 153 页）

《易经》

（约公元前 2800 年）

历史上没有任何一本书
能够像中国古代的卜书《易经》那样
呈现并影响了孕育它的文化。

《易经》被认为创作于约公元前 2800 年，是现今依旧为人使用的最古老的文本。虽然其起源被神话传说所笼罩，不过人们普遍认可卦图的历史可追溯至约公元前 2800 年，文字部分能追溯到约公元前 1000 年，哲学性的评注则应追溯到约公元前 500 年。卦图被认为由伏羲所创，他从乌龟背部的斑纹得到灵感创造了六十四卦图，这也构成了《易经》的基础。

许多世纪以来，它一直被称为《周易》，直到公元前 136 年，汉武帝命其为五经之首，改称其为《易经》。《易经》是一部用来占卜或测风水的书，其占卜方法是先将占卜工具（最初为蓍草茎）抛到地上，再利用卦图来解释其所构成的图案，基于《易经》的文本赋予其意义。

约翰·布洛菲尔德 1965 年译本，正好赶上新兴的、欲向东方世界寻求精神意义和指引的反文化运动

尽管作者未知，《易经》中的文字部分被认为起源于西周时期（公元前 1046—前 771）。起初只作为一种占卜和解释吉凶方法的《易经》，因增添了哲学性评注《十翼》，而被赋予了更为深刻的意涵。

《十翼》中最为精粹的部分是“传”。它擢升了《易经》的精神意义，将其形容为“宇宙的缩影和对变化过程的象征性描述”。任何参与到《易经》精神体验的个人，都能领略到宇宙运转的深层模式。

《十翼》历来被归为孔子所作，这使得整部作品更为庄重，确保了其从汉朝至唐朝以来的重要地位。

《易经》为中国两个相互竞争的精神传统——儒家和道家——提供了一个统一的认识，两者也都根植于《易经》。它认为有两种相互对立的原则在相互作用：一种是消极、阴暗和女性化的（阴）；另一种是积极、明亮、男性化的（阳）。这两者的相互作用影响了世间万物的命运，两者的调和又孕育了其他的造物。经文在构成《易经》的六十四种爻辞间，考察了阴阳相互作用的无限动态。

其哲学据说包含了三种基本概念：变通、思想和决断。此三者可以表明一件特定的事是会带来福还是祸，会令人懊悔还是蒙羞。《易经》强调个人日常生活中谨慎、谦逊和忍耐的重要性。它提醒读者困难之后总会伴随着成功，艰难险阻往往是日后取得成就的必要条件。

1911 年，最后一位帝王在辛亥革命中逊位，中国成了一个共和国，《易经》也不再被视为中国主流政治哲学中的一部分。然而，心理学家卡尔·荣格却非常痴迷于《易经》，并且向大众介绍了一本极具影响力的、由卫礼贤于 1923 年翻译的德语译本。这本书在 1960 年代的反文化运动中被人重拾，对包括赫尔曼·黑塞和菲利普·迪克在内的 20 世纪作家产生了深远的影响。

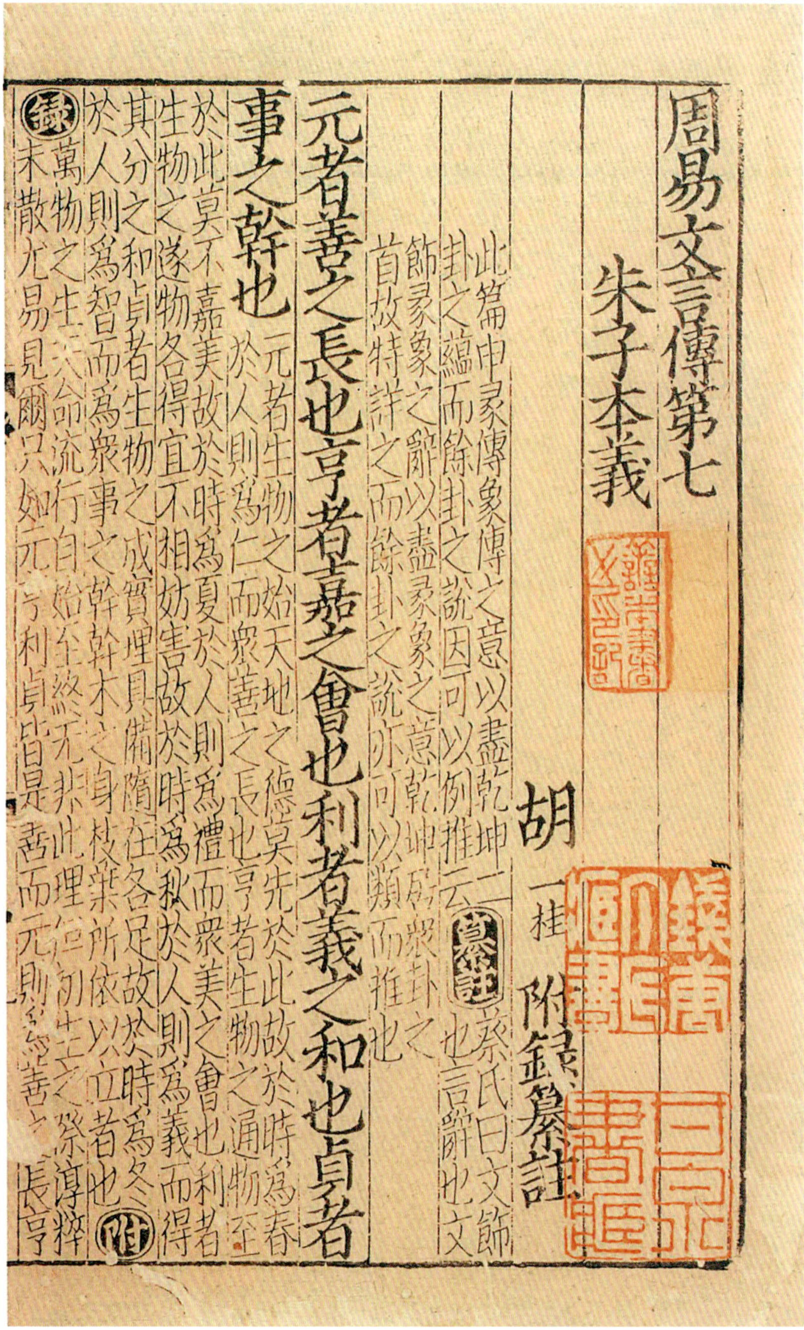

周易文言傳第七
朱子本義
胡一桂附錄纂註

此篇申彖傳象傳之意以盡乾坤二卦之蘊而餘卦之說因可以例推云 纂註 蔡氏曰文飾也言辭也文飾彖象之辭以盡彖象之意乾坤爲衆卦之首故特詳之而餘卦之說亦可以類而推也

元者善之長也亨者嘉之會也利者義之和也貞者事之幹也

元者生物之始天地之德莫先於此故於時爲春於人則爲仁而衆善之長也亨者生物之通物至於此莫不嘉美故於時爲夏於人則爲禮而衆美之會也利者生物之遂物各得宜不相妨害故於時爲秋於人則爲義而得其分之和貞者生物之成實理具備隨在各足故於時爲冬於人則爲智而爲衆事之幹幹木之身而枝葉所依以立者也 附錄 萬物之生天命流行自始至終无非此理但初生之際淳粹未散尤易見爾只如元亨利貞皆是善而元則爲善之長亨

这一加注版本的《易经》出自公元12世纪。此时，它已经被重新定性为一本卜书，而非哲学著作

《吉尔伽美什史诗》

（约公元前 2100 年）

这一众神与人类的传奇，在 19 世纪的中东被考古学家重新发现。它是有记载以来最古老的文学作品，其所蕴含的普世特点与主题放在当今的任何史诗电影中都未显过时。

吉尔伽美什是真实的历史人物，活动于约公元前 2700 年，他是苏美尔人城邦乌鲁克的国王。乌鲁克遗址位于今伊拉克境内，人类使用文字的最早先例（约公元前 3300 年）正发现于此，在吉尔伽美什死后的几个世纪里，他在民众的记忆中获得了神话般的、近乎神的地位。

目前已知对他最早的记载，由无名的作者印刻在泥版上，时间大致为公元前 2100 年。经年累月，这类故事与其他一些故事，便汇集成了如今我们所知的《吉尔伽美什史诗》。记载这段历史的残片的年代可追溯到公元前 2000 年。现今的译本大体上基于刻在十二块泥版上的近乎完整的史诗版本。这十二块泥版的年代大致为公元前 1200 年，也就是吉尔伽美什死后一千五百年左右。1853 年，它们被考古学家发现。

《吉尔伽美什史诗》可分为两个部分。第一部分类似于“兄弟电影”。众神对邪恶的国王吉尔伽美什的暴虐无度感到不安，便创造了他的对立面——一个叫作恩奇都的正直男子——来约束他。这两人经过一场恶战，成了挚友。他们在此后的冒险中，冒犯了天上诸神，后者决意以死亡惩处恩奇都。

吉尔伽美什悲痛欲绝，并深思他自身必死的命运。第二部分可说是典型的“公路电影”。吉尔伽美什出发向大洪水唯一的生还者乌特纳比西丁探求永生的奥秘。在遭遇众多险阻之后，吉尔伽美什不得不承认死亡深植在每个凡人的生命中，但是人性以及人所创造的功绩将会永存。他返回乌鲁克后，脱胎换骨，成了一位成熟、明智的统治者，在死后被他的人民牢记。

友谊、必死性、自我发现之旅，这些蕴含在《吉尔伽美什史诗》中的主题是永恒的，可以在从古至今任何时代的文学作品中找到。吉尔伽美什的传说直接影响了另外两部古代作品：《圣经》与荷马史诗。荷马的《伊利亚特》与《奥德赛》都是让人获得了经验教训的史诗般的旅行故事。《圣经·旧约》中的一些片段几乎就是对《吉尔伽美什史诗》的挪用，尤其是对伊甸园和大洪水（这里乌特纳比西丁变成了挪亚）的描述。

《吉尔伽美什史诗》是迄今发现的最古老的成文故事，其价值又因其后九百年间写出的诸多版本而大增。文中经常使用重复性的语句，这表明它可能来源于更加古老的口头叙事传统，而这一传统能上溯至吉尔伽美什的时代。如果说19世纪的考古学家能够发现这部史诗，谁又晓得还有什么有待发现的呢？

五号泥版，《吉尔伽美什史诗》残片之一，大约公元前2000至前1500年，出土于2015年，现藏于伊拉克共和国苏莱曼尼亚博物馆

《律法书》

（约公元前 1280 年）

三千多年来，《律法书》一直指导着犹太人的日常生活，是犹太律法与习俗的根基。犹太学者们以一句话概括了其所传达的全部教训："爱自己的邻人，要像爱自己一样。"

《律法书》包含《创世记》《出埃及记》《利未记》《民数记》和《申命记》这五部经典，也即后来《圣经》的前五卷。《律法书》记载了伊甸园中人类的起源以及包括亚伯拉罕、以撒、雅各在内的以色列人的早期族长。它还记载了以色列人从埃及出逃至西奈山，接收了上帝授予的十诫与其他戒律。《律法书》以摩西的死和以色列人进入上帝应许之地迦南为结束。

希伯来语的"Torah"一词虽然经常被翻译成"律法"，但它更准确的含义应为"教导"或"教训"。确切地说，犹太人所依据的《律法书》是上帝的律法或摩西的律法。依照传统来讲，律法存在于创世之前。上帝将其赐予了地上的万民，然而只有以色列人接受了这项馈赠。以色列人的族长摩西，于公元前 1312 年自天上领受了律法，并在其后的三四十年间将其记录了下来。

近代学者从更为世俗的角度认为，这五经是由一些不同的作者创作于数个世纪之间，于大约公元前 700 年整合成了《律法书》。虽然正统派犹太教信徒严守《律法书》为上帝的律令，思想更自由一些的犹太人则只把它们当作是一套行为准则而非律条，就像一些基督徒已经不再承认《圣经》所说的都是事实了一样。伊斯兰教也承认《律法书》是历史上真实存在过的。《古兰经》中还有几处提及了《律法书》，然而穆斯林声称它已经因人为的错误（文士们经年累月粗心地誊写）而走样了。

《律法书》现今仍然凭借手抄写在卷轴上。根据传统要求，抄写组成《律法书》的这 304805 个字符要具有严格的准确性。这是一道艰辛的工序，是一件以精确的风格和字体规格完成的、展现了深挚信仰和书写艺术的作品，通常要耗费十八个月的时间来完成。

根据犹太教的要求，每个犹太人都应

该拥有这样一套《律法书》。至少两千年来，犹太人都会在每年的同一天中聆听或诵读指定好的《律法书》中的同一段落。《律法书》不仅表达了犹太人的宗教信条，还强调了其古老的传统。与印度教以及祆教一样，犹太教是世界上最古老的信仰体系之一，而《律法书》就是其经典。

像其他所有的《律法书》卷轴一样，这部19世纪北非的《律法书》抄本也是以墨水抄写于羊皮纸上的。如果誊写中有一处错漏，则整部手抄本都失去效力

《伊利亚特》与《奥德赛》

荷马

（约公元前 750 年）

两部蔚为壮观的英雄史诗由古希腊神秘的盲诗人荷马创作于三千年前。这两部西方文学的开山之作分别描述了陷于残酷围城之战中的英雄事迹，以及一位勇士漫长、险象环生的归乡之旅。

人们对荷马知之甚少，甚至不清楚是否真有其人，也不能确定他是否代表了众多诗人。一些记载声称他大概于公元前 8 世纪至前 9 世纪之间，出生于爱琴海的希奥岛，其一生很可能是在爱奥尼亚（古代地区名，现位于土耳其境内）度过的。学界内部有大量的推测，一些学者相信，他是一位盲眼的宫廷歌手和说书人。

人们认为荷马在约公元前 750 年创作了这两部伟大的叙事史诗：《伊利亚特》及其续篇《奥德赛》。这一创作年代是用语言演化的统计模型推断出来的。虽然仍有一些学者认为它们的历史应该更为久远，但几乎可以肯定的是，这两部作品均源于口述传统，原本是为了演奏弹唱而非要被写下来。

《伊利亚特》（又译成《伊利昂记》）刻画了围困特洛伊的第十年，也即最后一年的几个星期。全书分为二十四卷，讲述了大英雄阿基琉斯如何英勇战胜特洛伊的赫克托耳，以及他与阿伽门农国王的争吵。

《奥德赛》讲的则是，战争英雄奥德修斯（在罗马神话中，他被称为尤利西斯）在围攻特洛伊的战争结束后，历经十年艰险旅程，最终重返家乡伊萨卡（希腊西海面上的一座小岛）。在他离家的漫长时间里，人们以为他已不在人间，他的妻子珀涅罗珀与儿子忒勒马科斯被迫终日应付一群竞相热烈追求珀涅罗珀的求婚人。

> 告诉我，缪斯，那位精明能干者的经历，
>
> 在攻破神圣的特洛伊高堡后，飘零浪迹。
>
> 他见过众多种族的城国，晓领他们的心计，

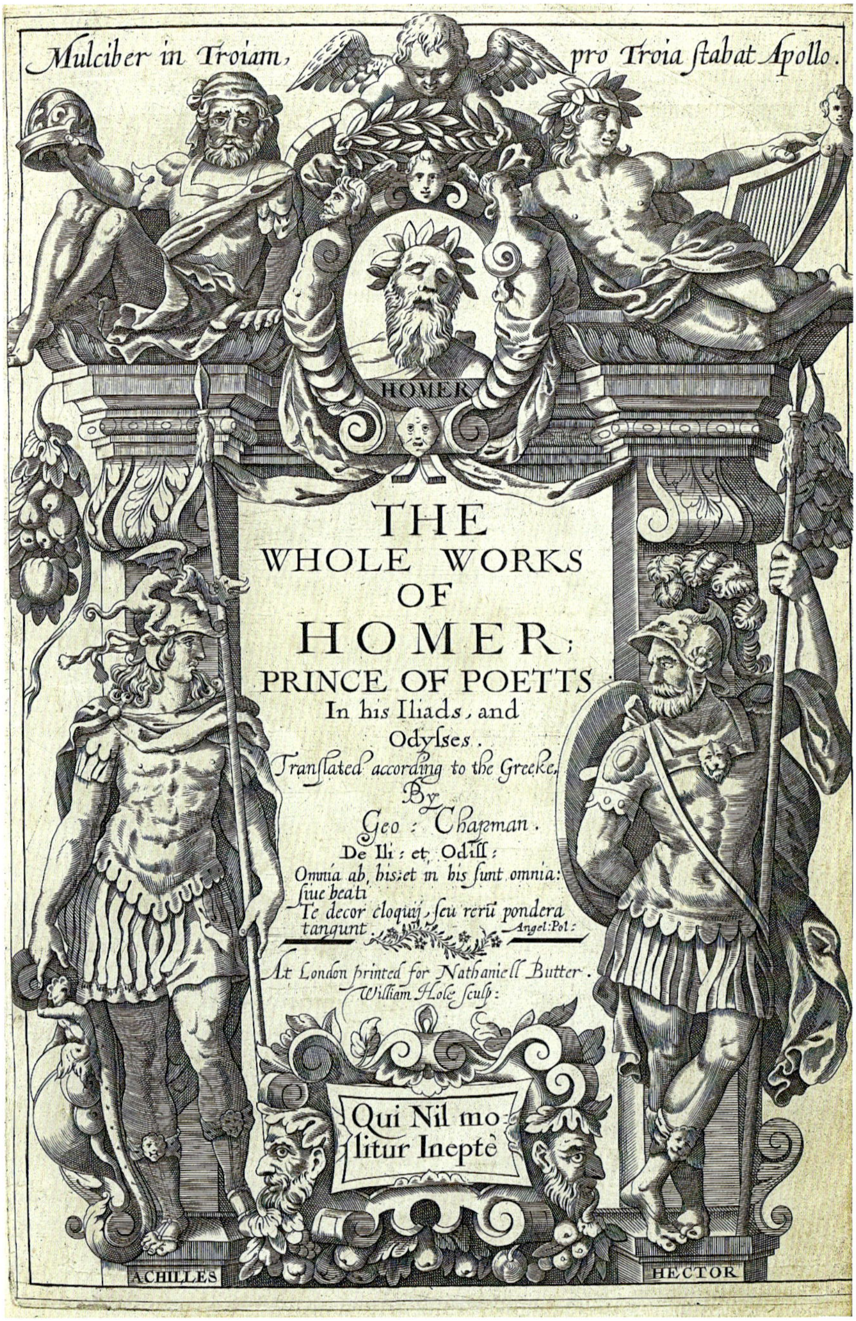

荷马史诗英译初版的扉页。英译本于1616年在伦敦出版，由英国戏剧家、诗人乔治·查普曼翻译

心忍了许多痛苦，挣扎在浩森的洋域。

（陈中梅译）

奥德修斯，像《伊利亚特》中的阿基琉斯一样，面临着抉择：他可以舒适地生活，并像神一样变得不朽；或者回到妻子身边，重返他的家国，以及像芸芸众生一样终有一死。他选择了后者，艰难地度完了他的旅程，并不断面对关于人类必死性与生命意义的拷问。

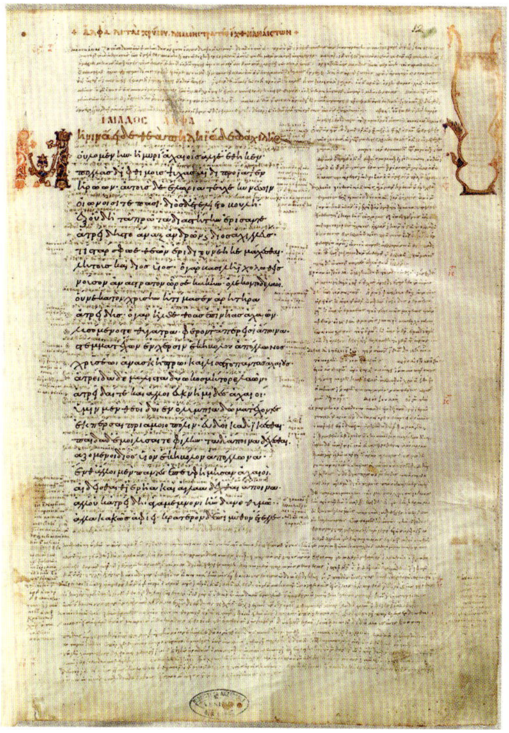

威尼斯抄本是《伊利亚特》最古老的完整稿，时间为公元 900 年，现藏于威尼斯圣马可图书馆

两部书都是以荷马式希腊语写成，这是一种爱奥尼亚希腊语与其他古希腊方言的杂糅语。人们所发现的最古老的《伊利亚特》残片写于纸草上，被卷起来存放于古埃及希腊人木乃伊的石椁中，其年代大致可追溯到公元前 285 年至前 250 年，现今陈列于纽约大都会博物馆。

《伊利亚特》与《奥德赛》是现存最古老的西方文学作品，它们是对口述故事最初的书面记录。纵观历史，从欧里庇得斯到柏拉图，从詹姆斯·乔伊斯的《尤利西斯》（1922 年）再到玛格丽特·阿特伍德以珀涅罗珀视角改写《奥德赛》所作的《珀涅罗珀记》（2005 年），历代西方作家都受到了荷马史诗的影响与启发。

《伊索寓言》

（约公元前 620 年至前 560 年）

作为最古老与最杰出的寓言集之一，《伊索寓言》是用古希腊语以散文体写成，其作者历来被认为是相貌丑陋的奴隶伊索。伊索因他善讲故事的才能而备受盛赞。这些别具一格的故事最初是讲给成年人听的，后来却成了优秀的儿童读物。

寓言是些简短的小故事，通常将动物或其他非生物人格化，以传达某些真理或作道德教育。当代杰出的犹太寓言作家艾萨克·巴什维斯·辛格认为，寓言可能是“虚构叙事最初的形式”。他指出，古代人相信神话与寓言是真实的，但并不必相信它们一定是准确的，就像孩子们可以从故事虚幻的表象后领略出隐藏的真理一样。此外，在古人眼中，寓言还往往是悲观的。

如伊索在《狼与狮子》中讲述的，“一只狼从羊圈中偷走了一只羊，在返回巢穴的路上，一只狮子跳出来抢走了羊。狼大声抗议：‘你抢走了我的东西，这是不正当的！’狮子揶揄地回答道：‘那么这是你正当所得的吗？难不成它是你朋友赠与你的礼物？’”

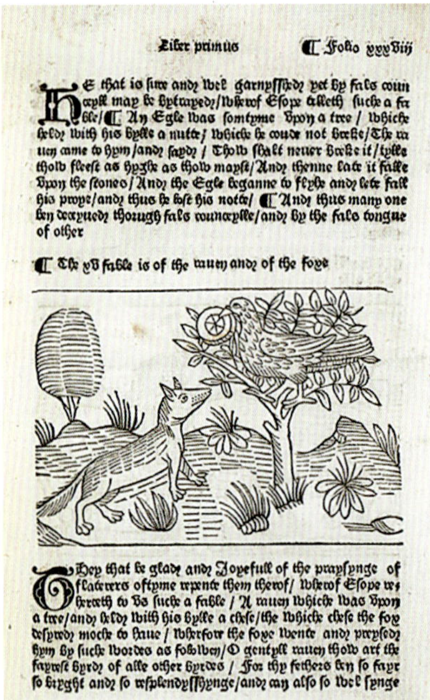

Liber primus ¶ Folio xxxviij

He that is sure and wel garnyssshed yet by fals counceyll may be bytrayed / wherof Esope reherceth suche a fable / ¶ An Egle was somtyme vpon a tree / whiche helde with his bylle a nutte / whiche he coude not breke / The rauen came to hym / and sayd / Thow shalt neuer breke it / tylle thow flee as hyghe as thow mayst / And thenne late it falle vpon the stones / And the Egle beganne to flyhe and lete fall his proye / and thus he lost his notte / ¶ And thus many one ben deceyued thorugh fals counceylle / and by the fals tongue of other

¶ The xv fable is of the rauen and of the foxe

They that be glad and Joyefull of the praysynge of flaterers oftyme repente them therof / wherof Esope reherceth to vs suche a fable / A rauen whiche was vpon a tree / and helde with his bylle a chese / the whiche chese the foxe desyred moche to haue / wherfore the foxe wente and praysed hym by suche wordes as followen / O gentyll rauen thow art the fayrest byrd of alle other byrdes / For thy fethers ben so fayr so bryght and so resplendysshynge / and can also so wel synge

在“乌鸦与狐狸”的故事中，自负的乌鸦被甜言蜜语哄骗，丢掉了口中的奶酪。这幅版画出自 1484 年威廉·卡克斯顿印刷的版本

古希腊历史学家希罗多德（约公元前 484—前 425）提到过“寓言家伊索”，说他本是来自弗里吉亚（现今土耳其）的奴隶，因为讲述寓言获得了自由，后来还有美丽的洛多庇斯这位著名的交际花为伴。伊索的名望极大，他的名字经常被苏格拉底、亚里士多德、阿里斯

托芬、柏拉图、普林尼以及众多其他古代作家提及。

许多历史学家认为伊索的寓言传承自口述传统，其年代要远远早于公元前 6 世纪。一些写在纸草上的故事，其历史要早上八百到一千年。伊索讲述的故事显然是在他死后的三个世纪后才被收集和记录下来的。在尔后的时期里，譬如中世纪与文艺复兴时期，又有新的故事被归为伊索所作，虽然它们来自其他的历史时期与文化，与这位先前的奴隶作家并无干系。随着时间的推移，这些故事被不断修订和改写，但是其原本简洁的风格与所蕴含的真知灼见被保存了下来。

古希腊和拉丁的手抄本不断重写伊索的寓言故事，这些不同的版本是欧洲大陆上最早得到翻译和刊印的作品之一，这进一步提高了寓言作家伊索的声名。后世创作的作品如要被认可加入寓言这一文类，一定要符合如下的标准：这些作品必须朴实无华，简明扼要，描绘动植物要栩栩如生；它们所指涉的背景与所得出的道德结论也是至关重要的；此外，它们还要传达永恒、普遍的真理。

各种版本的《伊索寓言》被以不可计数的形式与语言出版。人们还将《伊索寓言》搬上舞台与大荧幕，改写成诗并配上音乐，以及改编成卡通动画和舞蹈剧。

数个世纪以来，《伊索寓言》主要是成年人的读物，然而到了 1693 年，英国哲学家约翰·洛克建议缩写这些寓言故事并配上插图以便“愉悦儿童”以及吸引年轻的读者。从那时起，《伊索寓言》就成了儿童文学的典范。一些故事的题名（例如“披着羊皮的狼”“生金蛋的鹅”“狼来了”等），也成了日常习语中的一部分。

版画中的伊索像，出自英文初版，由威廉·卡克斯顿出版于1484年

《孙子兵法》

孙子

（约公元前 512 年）

这部中国古代著作虽然写于两千五百年前，但其中蕴含的军事战略和战术的智慧，使其成了历代军事家、商业领袖以及各类竞争者的必读书。书中所提出的各项原则，已经被大大小小的成功所印证。

孙子，本名孙武，被认为活动于中国古代的黄金时代春秋时期（公元前 770—前 476）。人们对他的生平与军事知识的来源知之甚少，只知道他是一位军事将领与思想家，以及是《孙子兵法》一书的作者。

在孙子的时代，众多封建诸侯国都各自发展了相互对立的理念与思想，国家间争夺霸权的战争也愈演愈烈，用兵打仗成了重中之重。孙子死后，在约公元前 350 年，他的继承者之一——齐国的孙膑又使这部明哲的著作重新得到普及。可以说《孙子兵法》在重塑与统一古代中国的过程中发挥了重要的作用，而统一后的中国也成了历史上最为稳固与太平的帝国。

作为中国七部军事经典（《武经七书》）之一，孙子的著作在整个亚洲地区都获得了巨大的声誉，即便目不识丁的农民也知晓他的大名。而历朝历代的将士更是能熟记其中大部分的内容。长久以来，这部书一直都是兵学的圣典。

孙子认为战争是必要之恶，但应该尽力避免。他也给出了许多明智的建议，教导人如何赢得战争，以及告诉人什么是在与敌人斗争中切忌去做的。“兵者，国之大事，”他写道，“死生之地，存亡之道，不可不察也。”在他看来，“不战而屈人之兵，善之善者也”。

全书分为十三章，每章都致力于为军事将领讲解战争的一个专门的重要方面。孙子提出了五种在用兵作战中应被重视的不变与基本的因素，即“五事”：“一曰道，二曰天，三曰地，四曰将，五曰法。”同时他还提出了另外七条能左右战局的原理，即“七计”。

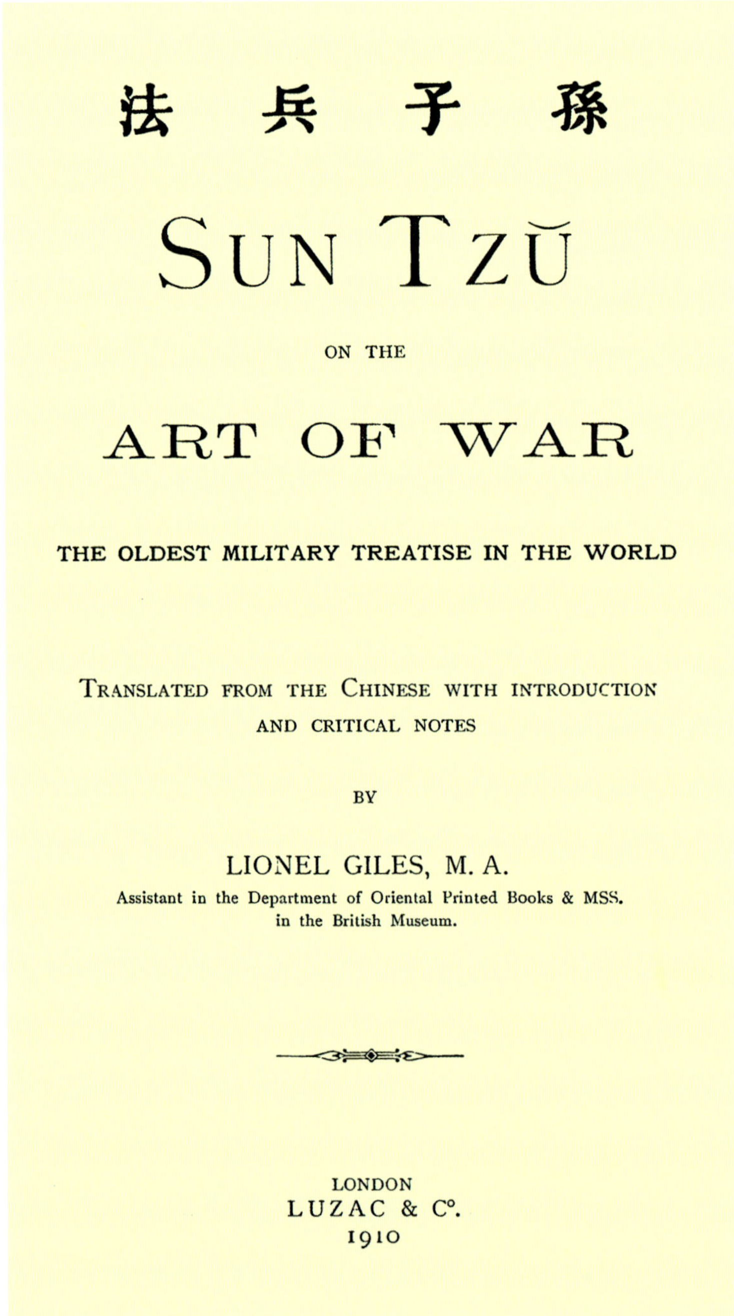

孫子兵法

SUN TZŬ

ON THE

ART OF WAR

THE OLDEST MILITARY TREATISE IN THE WORLD

TRANSLATED FROM THE CHINESE WITH INTRODUCTION AND CRITICAL NOTES

BY

LIONEL GILES, M. A.

Assistant in the Department of Oriental Printed Books & MSS. in the British Museum.

LONDON
LUZAC & C°.
1910

获得公认的首个英译本，由汉学家翟林奈翻译，出版于1910年，至今仍在不断翻印虽然孙子被公认为此书的作者，但许多历史学家认为，这部专著经过了后世的修补，以便适应战争中的新发展，例如书中后来增加了关于骑兵的部分。目前已知最早的《孙子兵法》竹简本，被称为银雀山汉墓竹简本，1972 年出土于中国山东省，其历史可追溯到西汉王朝时期，公元前 140 年至前 118 年之间。这一版本与《孙子兵法》现今的版本几乎无异。欧洲最初的译本于 1772 年出现在法国，最为有名的英译本由汉学家翟林奈翻译，问世于 1910 年。

书中的很多观点都适用于战争以外的其他人类活动，如“知己知彼，百战不殆；不知彼而知己，一胜一负；不知彼，不知己，每战必殆”。

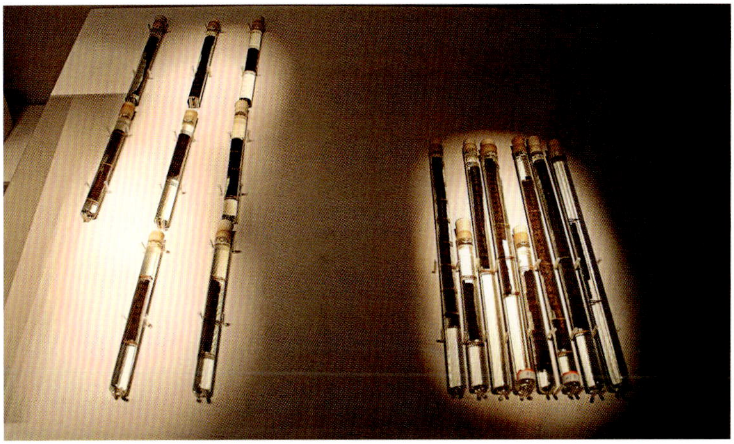

这些竹简残片是《孙子兵法》目前已知最古老的版本，被称为银雀山汉墓竹简本，其年代为公元前 140 年至前 118 年之间

《论语》

（约公元前 475 年至前 221 年）

一位中国古代哲人及其弟子的言行辑录，为协调人生中的五种关系——君臣、亲子、兄弟、夫妻以及朋友之间的关系——确立了伦理准则。其教诲千年来为世人所遵从。

孔子（约公元前 551—前 479）是一位生于士大夫阶级的哲学家和政治家，提倡以伦理准则指导个人的日常生活。

“论语”一词意指片段式或摘录式的著作，也指教诲辑录。就孔子来说，它还指对道德伦理问题的讨论和交流。《论语》以孔子的教诲与思想为主体，兼有一些他与弟子对话的片段。

《论语》由孔子的追随者于战国时期（约公元前 475—前 221）编写完成，被认为是最能代表儒家思想的作品之一，现今仍然对中国及东亚文化产生着不可估量的巨大影响。许多学者认为直到汉朝中期，《论语》才被修补为其最终的样子，并成了中国文化的核心文本。

一幅想象中的孔子的肖像画，为《孔夫子——中国的哲学家》（1687 年出版于巴黎）一书的卷首插画

两千年来，《论语》一直被视为中国教育中的基础读物，直到 20 世纪初期，它还被官方用作科举考试的教材。尽管《论语》在 1960 年代受到了批判，然而它依旧持续塑造着无数中国人的道德观与思想，撑起了礼仪、公正、公平及孝顺等核心价值。

“仁”是孔子的核心概念之一，代表了包括仁慈、善行、慈悲、利他和善良等在内的一整套伦理价值。《论语》教导人们如何在言辞、行动以及思想中培植和践行“仁”的观念。谦虚、自贬、谦卑以及自律亦被褒奖为极为重要的品质，这源自那句对等于《圣经》中的金科玉律的名言：“己所不欲，勿施于人。”

《论语》用“君子”一词形容那种品行端正、才华横溢的理想之人，“道”指教导、技能或技艺，在一些行动领域中极为关键。“忠”即忠诚，“信”代表信誉；“敬”指尊敬和专注；“孝”意味着对长辈的服从；“勇”则指勇敢或勇猛。

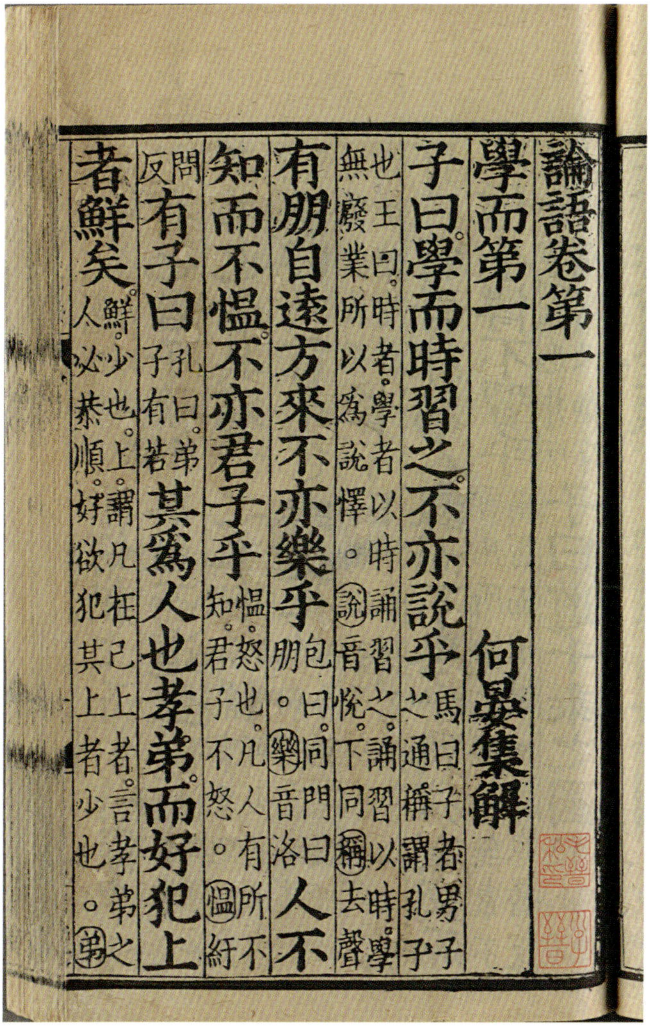
論語卷第一

學而第一　何晏集解

子曰學而時習之不亦說乎馬曰子者男子之通稱謂孔子也王曰時者學者以時誦習之誦習以時學無廢業所以爲說懌○說音悅下同稱去聲有朋自遠方來不亦樂乎包曰同門曰朋○樂音洛人不知而不慍不亦君子乎慍怒也凡人有所不知君子不怒○慍紆問反

有子曰孔曰弟子有若其爲人也孝弟而好犯上者鮮矣鮮少也上謂凡在己上者言孝弟之人必恭順好欲犯其上者少也○弟

元朝（1279—1368）的一部《论语》，包含了学者的注疏

《论语》为人们提供了与他人相处的行为准则，并包含了自省。正如《论语》中所讲的：“无友不如己者。”

孔子教诲的一个特点在于其强调了教育、学习和知识的重要性。孔子说：“知之为知之，不知为不知，是知也。”

《论语》作为四部伟大的儒家文本（即“四书”）中的一部，在中国过去的两千年间一向是最被广泛研习的著作之一。其中所蕴含的智慧、哲学和社会道德观，至今仍然影响着中国的文化与价值。

《爱经》

筏蹉衍那

（公元前 400 年至公元 200 年）

以吠陀梵语写于两千年前并被藏于印度北部的一座山洞中，这部明晰、具有高度文学性的性爱手册首次出版于 1883 年，但直到 1962 年才于美国出版。虽然它长期被人们贴上异域体位博览的标签，现今的读者却能看到其内容与风格实则为他们提供了一套非常现代的生活艺术指导。

所有未曾读过《爱经》的人都以为这是一部有插图的印度异域性爱技巧教程。然而，最初的手稿中并未包含任何图示，其内文也不只是关于性关系的专业建议。

一本 1964 年版的理查德·伯顿《爱经》译本，最初出版于 1883 年

这部作品于 19 世纪在印度北部的一座洞穴中被发现。英国东方学家、语言学家理查德·伯顿爵士将其从古梵语翻译成了英语，并于 1883 年私下出版。其标题结合了欲望或快乐（“欲”或“爱”）与一根将事物绑在一起的绳（“经”）。在某些东方宗教中，如佛教与印度教，“经”也指箴言或箴言集。

人们对《爱经》的作者筏蹉衍那所知甚少，他自称是一位独身的婆罗门修士。他将前代作者积累的全部性知识进行了编纂，这是他自己进行冥想与沉思神性的方式。大多数学者将这部作品的源头定在公元前 400 年与公元 200 年之间，因此它是从古印度历史的这一时期残存下来的最古老的文献。

《爱经》包含了三十六章，分为七部分，总计有 1250 节。全书考察了世俗人类活动的四项基本目的——“法”（美德与义）、“利”（财富与权力）、“欲”（快乐）与“释”（自由）——并且为人能过上美好、愉悦的生活提供了包罗万象的建议。

虽然这些建议往往从世俗而有德性的男性角度出发，不过《爱经》亦是属于女性的，其中的小建议几乎涵盖了生活的方方面面，从青年时代到求偶，再到恋爱、性爱与婚姻。它教导男性与女性如何着装，怎样饮食，该与何人往来，以及如何表现才能吸引别人，等等。它建议两性都应该精通获取快乐之道。

作为饭后的热身娱乐，他特别推荐了一张清单，包含了“不同地方特有的知名小游戏，像‘摘芒果’‘吃烘干的谷粒’‘啃莲花茎’‘摘新叶’‘喷水’‘哑剧’‘丝绵树游戏’以及‘用野茉莉模拟战斗’等”。

《爱经》提倡性关系应该建立在快乐的原则上，而不只是为了生育后代，它还认可了女性也能够达到性高潮。鉴于它出自一个年代如此久远又极度厌女的文化传统，《爱经》中的性别哲学也就尤其具有进步意义。

17 世纪末的《爱经》插画，系拉其普特画派所作

《理想国》

柏拉图

（约公元前 380 年）

这是一部哲学和政治思想的经典名著，它提出的关于社会的诸多问题至今仍被人热议。来自城邦的不公正给柏拉图造成的切身创伤，激发他写下了这些关于城邦正义本质的虚构性对话。

柏拉图（约公元前 428—前 348）生于雅典，是西方哲学的奠基人之一苏格拉底的学生。苏格拉底批评雅典政府，被以莫须有的罪名送上法庭，并被处以死刑。柏拉图见证了他老师最后的时日，他对城邦所施行的不公深恶痛绝，于是离开雅典寻求更为公正的社会。在返回雅典后，他写下了《理想国》。

柏拉图的写作大体上采用了苏格拉底对话的形式——对苏格拉底会进行的那种对话的想象。苏格拉底作为《理想国》的核心角色，向他的同伴们提出了一个问题，并在他们的答复中识别出错漏。这一过程会反复进行，直到他们如其所愿地达到对完满真理的共识。在《理想国》中，这一问题就是“何为正义”。

《理想国》包含了柏拉图最为经久不衰的比喻之一——洞穴中的火光。假想一批始终生活在洞穴中的囚徒，被锁链束缚，只能面对着洞壁，他们看到篝火投在洞壁上的阴影，想象着这是什么东西造成的。阴影对这些囚徒来说，就是唯一的实在。

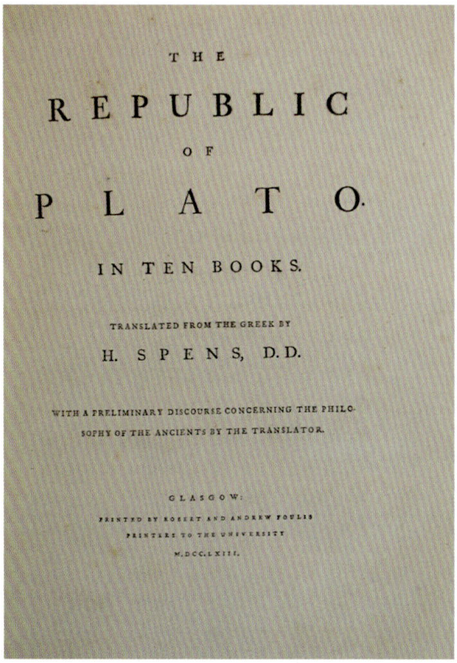
THE
REPUBLIC
OF
PLATO.
IN TEN BOOKS.
TRANSLATED FROM THE GREEK BY
H. SPENS, D.D.
WITH A PRELIMINARY DISCOURSE CONCERNING THE PHILOSOPHY OF THE ANCIENTS BY THE TRANSLATOR.
GLASGOW:
PRINTED BY ROBERT AND ANDREW FOULIS
PRINTERS TO THE UNIVERSITY
M.DCC.LXIII.

第一部英译本，于 1763 年的格拉斯哥出版但设想一下，他们中的一人被从洞穴中释放出来。现在他看见了火光和真实的器物，不过较之他已习惯的那些影子，他起初还不会承认它们的实在性。当他离开洞穴，在炫目、明亮的阳光下发现了甚至更为强烈的现实，他最终看见了太阳，亦即善的终极象征。他又回到洞穴，此时他因为洞穴的黑暗而视线模糊，然而他确实已经被启蒙了。现在，他已是一位哲学家，其职责在于分享光明。

柏拉图对阴影与物体的区分，呼应了他对纯然的物体或社会建构与它们力图表征的理型或理念的区分。哲学家的任务在于识别出这些理念。

苏格拉底的讨论自然而然地从正义问题转向了公共利益本质的问题，又转向了城邦及其公民的权利与义务问题。苏格拉底和他的朋友们未能找到确乎公正的社会的实例，于是便从零开始构造了一个假想中的城邦。他们推断，理想的领导者应是哲学王。

比《理想国》一书的结论更为重要的，是其思想讨论的过程和价值。无论从历史角度还是哲学角度，它都是所有同类书中影响最为深远的一本，至今仍被广泛阅读。它对于西方思想的影响被20世纪哲学家怀特海概括为：“欧洲哲学传统最稳固的一般特征是，它由对柏拉图的一系列脚注构成。”

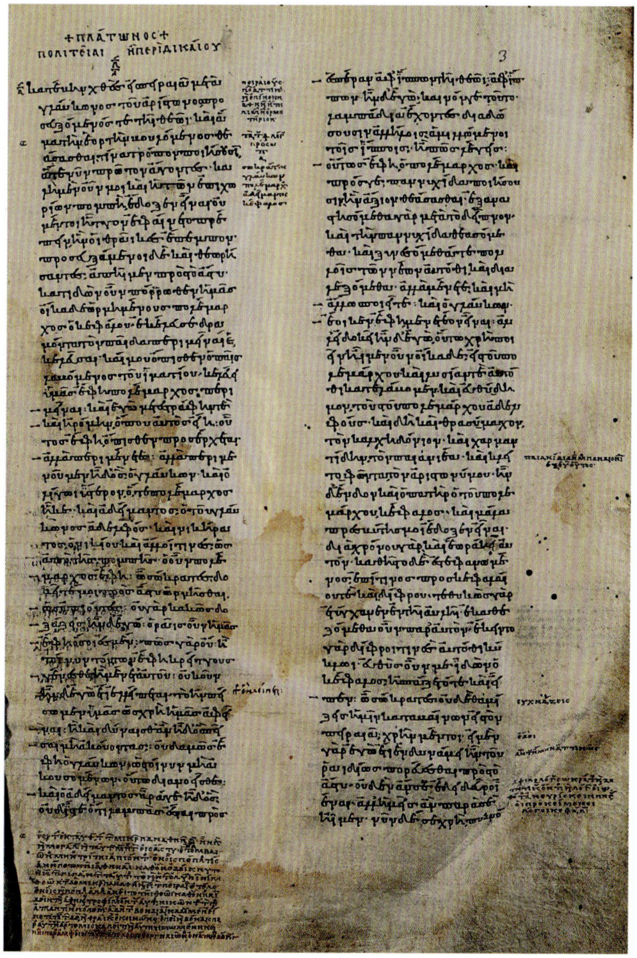

现存最古老的完整的《理想国》的扉页。这部公元9世纪的手稿，藏于巴黎法国国家图书馆。还有更早的写在莎草纸上的残片，时间可追溯至公元3世纪

《几何原本》

欧几里得

（约公元前 300 年）

人们并不熟悉欧几里得的生平，然而他编纂的杰出专著，两千年来一向是历史上最成功的教科书，同时也是数学和逻辑学的基础读物。这部书的受众极广，从亚伯拉罕·林肯到阿尔伯特·爱因斯坦。

欧几里得（他的名字在古希腊语中有“著名的”“光荣的”的含义）是古希腊杰出的数学家，生活在古埃及靠近尼罗河出海口的亚历山大里亚。人们认为他大约于公元前 330 年出生在提尔。一些记载说他曾在柏拉图学园学习，师从柏拉图的学生。大多数历史学家认为他是亚历山大里亚的一位教师。

不论他的实际的生平出处如何，他的杰作《几何原本》表明他对其他数学家的著作非常精通，包括泰勒斯、毕达哥拉斯、欧多克索斯、希波克拉底、奥托里库斯以及泰阿泰德等人的作品。他的巨大功绩并非源自新发现，而是源自他将现有的数学知识整合成了一套单一、连贯的体系，这套体系也成了后世数学演绎推理的模板。虽然当今通用的版本可能也经过了后人的修补，但欧几里得在几何学中的地位是无可匹敌的。

首个英译本，伦敦，1560 年

在以手抄本形式流传了几个世纪后，首个印刷版在印刷机被使用后不久的1482年问世于威尼斯。这个版本所依照的是诺瓦拉的康帕努斯的拉丁文译本。《几何原本》到现在仍然是出版的版本数量上仅次于《圣经》的书籍。

《几何原本》由十三章构成，包含465个命题，

《几何原本》的首个印刷版，威尼斯，1482 年

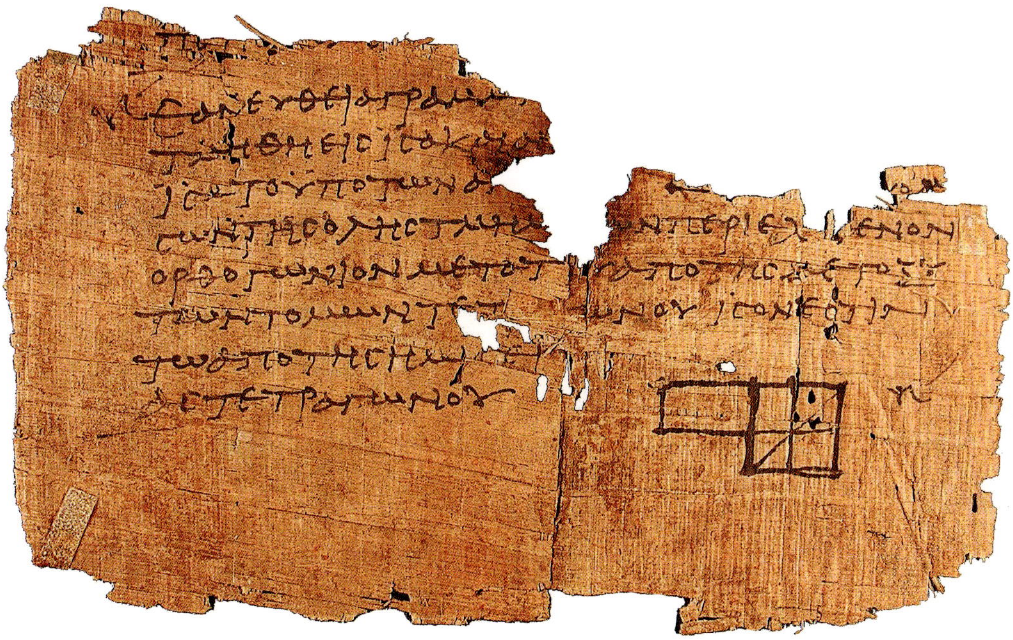

现存最早的纸草书残片（公元 75 年至 125 年间）

涉及平面与立体几何以及数论等问题。欧几里得将这些编纂成了一部关于几何学中基本定义、公理、公设以及其他重要数学知识的辞典，并且所有内容都是在他亲身严格求证后确认的。

第一至六卷讨论的是平面几何（二维）的问题。前两卷阐述了三角形、平行线面、平行四边形、矩形和正方形的基本特性。第三、四卷探讨的是圆的问题。第五卷考察的是比例与多少的问题。第六卷是将第五卷的结论应用于平面几何。第七至九卷的内容是数论。第十卷讲了无理数。第十一至十三卷论述的是立体几何（三维）问题。

虽然古埃及人与古巴比伦人已经用几何学来解决具体问题，但欧几里得通过论述可用来指导数学实践的理论与一般规则，使得这项研究又向前迈进了一步。他的这部书在陈述和论证定理上非常清晰明了。

数个世纪以来，这部教科书帮助了有着不同理解力的学数学与逻辑的学生进行思考。亚伯拉罕·林肯写到他曾在烛灯下彻夜苦读这部书，他说："如果人不明白'证明'到底意味着什么，那么他永远都不可能成为一名律师。我离开我在斯普林菲尔德办公的地方，回到我父亲家，就坐在欧几里得的这六卷书前，直到能给出任何命题为止。"

阿尔伯特·爱因斯坦回忆说，他小时候收到的两个影响他至深的礼物，其中之一是一个磁罗盘，而另一个则是一本欧几里得的《几何原本》。

《建筑十书》

维特鲁威

（公元前 20 年）

这部十卷本的专著成书于公元前 1 世纪。《建筑十书》是一位杰出的建筑师对罗马帝国时期宏大建筑设计的个人论述，也是一本古代土木工程的详尽指南，同时还是一部古代工程技术史。

作为唯一从古代保存下来的重要建筑学专著，《建筑十书》绝对是举世无双的。人们对此书的作者马尔库斯·维特鲁威·波利奥（约公元前 80—公元 15）所知甚少，除了一些他记在书中的零星内容。他在罗马帝国鼎盛时期接受了建筑学方面的教育，后在凯撒军队中服役并担任工程师，在大概公元前 50 年的时候，他跟随凯撒的部队横扫欧洲。在古罗马时代，建筑师的职能会延伸到诸多领域，土木工程和土地测量的知识对于修造兵营、桥梁、道路和输水道来说，会显得尤为重要。维特鲁威同时还擅长设计弩炮、投石机等攻城武器，用以向敌人投射金属箭矢。

虽然有时会被大致认为是历史上第一位建筑师，然而维特鲁威实则更是一位记录者，而较少有想法上的创新。他自己设计建造的唯一大型建筑是意大利法农镇的会堂，竣工于公元前 19 年，现今已不复存在。他对理想建筑最著名的信条就是“坚固、

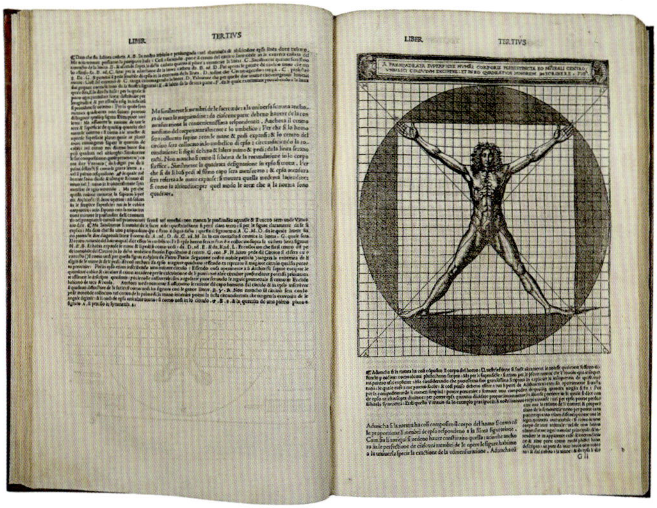

维特鲁威对人体比例的著述，后来被列奥纳多·达·芬奇所完善

实用、美观”。在构成《建筑十书》的十个不同的独立篇章中，他对当时的罗马建筑实践进行了全面的分门别类和详细的记述。除了写到建筑材料、选址、建筑安全、建筑声学以及供水与供暖系统，他还在其间捎带涉及了建筑中的政治问题。维特鲁威反复论及了一条道理，那就是最具天赋之人的某些作品可能会默默无闻，而较为逊色的作品反而会闻名于世。他自己的这部皇皇巨著的遭遇就基本印证了这一点。很难想象，它竟然被历史埋没了逾千年之久。不过即便如此，弗朗蒂努斯在他写于公元100年的《论输水道》中，还提到过维特鲁威与输水管规格统一问题之间的关联。

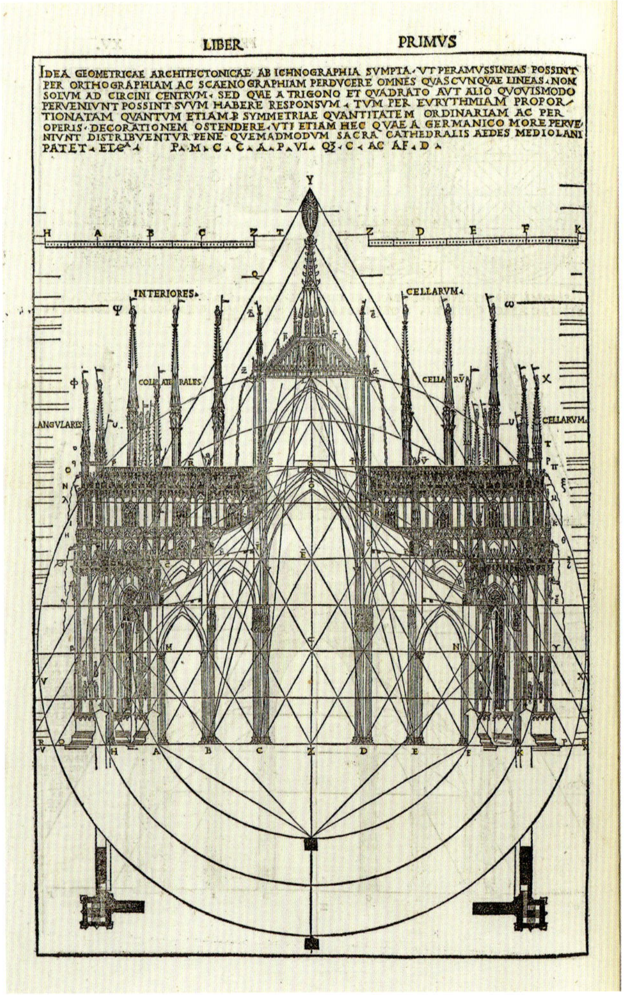

1521年版中的一页，展示了米兰大教堂符合维特鲁威的建筑原则

《建筑十书》对古希腊罗马的建筑原则与营造技术的记述之全面，无出其右。其成书要早于罗马人发明交叉拱顶和穹顶以及使用混凝土，然而在所有其他方面，它都是无与伦比的。它于1414年被重新发现后，就立刻成为文艺复兴时期最为重要的思想家和艺术家们的灵感来源。《建筑十书》最初出版于1486年，1511年又出版了绘有插图的版本。列奥纳多·达·芬奇利用维特鲁威对人体比例的阐释，创造了他自己的“维特鲁威人”（画在圆形和方形上的男性躯体）。对于16世纪伟大的建筑师帕拉第奥来说，维特鲁威是他的“导师”。

《自然史》

老普林尼

（公元 79 年）

这是世界上首部自然科学百科全书。对于同时在古罗马帝国身居要职的作者来说，这是项非常了不起的成就。普林尼的这部三十七卷巨著涵盖了古罗马人对自然世界的全部知识。

盖乌斯·普林尼·塞孔都斯（约公元 23—79）被世人称为老普林尼，这是为了与他的外甥小普林尼相区别。小普林尼也是一位著名的作家，而且人们正是通过他的著作了解到他舅舅生平的详细状况。在小普林尼写给塔西佗的一封信中，他写道：“那些能把值得写的东西写下来的人，或者能把值得读的东西写下来的人，都是有福的；而兼具这两种禀赋的人是格外有福的。我的舅舅就是后面这类人中的一位。”

老普林尼度过了完整的一生。二十三岁时，他在日耳曼行省的罗马驻军中任骑兵长官，开始了他长达十二年的军旅生涯。在服役期间，他写就了他的第一本书，讲的是在马背上投掷长矛的技艺。回到罗马后，他开始从事律师工作，同时完成了一部传记、几篇剧本、二十卷记载日耳曼战争的历史著作以及一部关于演讲术的著作。老普林尼的才能引起了皇帝维斯帕先的注意，于是，他先后被任命为从阿非利加到比利时等一系列行省的地方长官。再次返回罗马后，他担任罗马海军舰队司令一职，续写完了另外一位作家的罗马史著作。同时，在公元 77 年，他着手编写他最后的著作《自然史》。

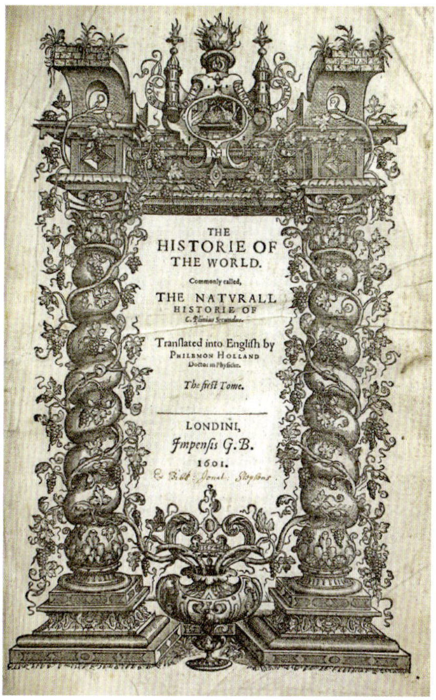
THE
HISTORIE OF
THE WORLD.
Commonly called,
THE NATVRALL
HISTORIE OF
C. Plinius Secundus.
Translated into English by
Philemon Holland
Doctor in Physicke.
The first Tome.
LONDINI,
Impensis G.B.
1601.

最初的英译本，于 1601 年在伦敦出版普林尼的全部著作中，只有三十七卷《自然史》保留了下来。其余的作品均已轶散，人们只能从后世作家对它们的提及和引用中知晓其存在，比如塔西佗就在很大程度上依赖于普林尼对日耳曼人历史的记载；再比如普林尼的外甥在他的书信中也提到了他舅舅的一些作品。《自然史》取得了里程碑式的巨大成就，这更使得人们为普林尼其他作品的遗失感到惋惜。

LIBRO PRIMO DELLA NATVRALE HISTORIA DI. C. PLINIO SECONDO TRADOCTA IN LINGVA FIORENTINA PER CHRISTOPHORO LANDINO FIORENTINO AL SERENISSIMO FERDINANDO RE DI NAPOLI.

PREFATIONE

ITERMINAI O GIOCONDISSIMO imperadore con epistola forse di troppa licétia narrarti elibri della historia naturale: opera nouella alle muse romane: nata apresso di me nel lultima genitura. Sia adunq; questa prefatióe uerissima di te métre che gia inuecchia nel grádissimo tuo padre: per che usando el uerso di Catullo mio compatriota tu soleui pure stima

这部早期印刷版，于1476年在威尼斯出版，绘有格外精美的彩图，是为了献给银行家菲利波·斯特罗兹

普林尼在他这部考察自然世界的著作中，谈及了天文学、地理学、动物志、植物学、医学、地质学、艺术以及许多其他内容。必须说明的是，他并未在明确的事实、纯粹的流俗意见以及他个人对某物的猜想间进行辨析。然而，作为对古罗马世界所相信的一切的全面记述，《自然史》绝对是无可比拟的。这部书有两点创新格外引人注目：内容索引与所援引的材料列表。普林尼在加注上非常严格，《自然史》的援引书目列表上标明了四百多位不同的作家。

所有的百科全书都以《自然史》为模板。在此后的几个世纪里，普林尼所引用的一手材料，就像他自己的著作一样，大多遗失或损毁。唯独《自然史》保存了下来，被后世作家奉为知识的源泉，并被引用和抄袭。例如，他对奇珍异兽的记述就成了许多中世纪动物寓言创作的基础。

直到15世纪末，一些作家才开始怀疑《自然史》的准确性。也许，科学最终能在很多方面超越普林尼所得出的结论，但是他对古罗马人所熟知的那个世界的详尽记录，则为我们留下了另一个时代的珍贵印象。

《古兰经》

（公元 609 年至 632 年）

穆斯林将《古兰经》尊崇为安拉的箴言，这些圣言构成他们日常宗教礼拜活动的核心。这本富有韵律的经书不仅传授了最基本的宗教信条，并且为所有信徒的信仰和言行提供了严格的指导准则。

伊斯兰传说讲到，先知穆罕默德在靠近麦加的希拉山洞独自冥想和祈祷时，借由大天使加百列初次得到了神圣启示。此后的二十三年，直至公元 632 年离世，穆罕默德不断接收并背下了更多的圣言，并且四处与他人分享。他的一些同道也将经文保存在记忆中，后来，文士们以阿拉伯语把这些启示记录下来，于是有了《古兰经》。《古兰经》传播了伊斯兰信仰，并且促使阿拉伯半岛形成了一个更加文明和强大的社会，使得伊斯兰文明成了世界的一股重要力量。

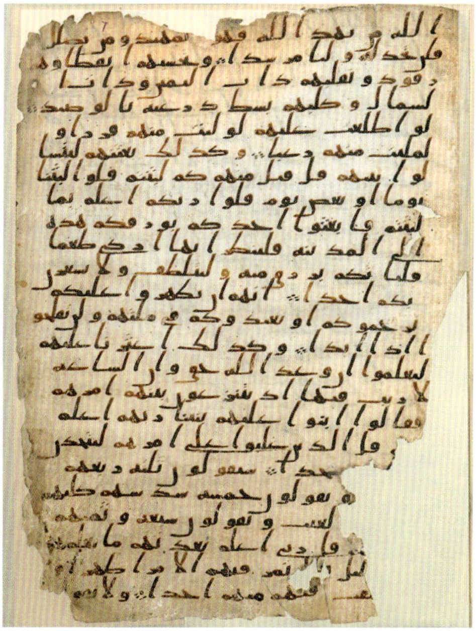

伯明翰《古兰经》手稿，由英国伯明翰大学所有。根据放射性碳定年法，其年代可推测为在公元 568 年至 645 年之间，是现存已知最古老的手稿，并且与先知穆罕默德生活的年代（约公元 568—632）极为接近

穆斯林将《古兰经》视为由《摩西五经》和《圣经》所提出的神圣启示的顶点。伊斯兰教教导说安拉是通过摩西、耶稣、穆罕默德等被称为先知的神使传达其意志的。然而，伊斯兰教还教导说，此前的使者都有缺陷不足，唯独先知穆罕默德精准无误地完整传达了安拉的旨意。虽然《古兰经》反映的是阿拉伯半岛上穆斯林社会的早期状况，但其篇章在它的信徒眼中却是永远绝对可靠的，超越了

时间和地域的限制。所有穆斯林都依照先知穆罕默德的要求绝对服从于安拉的意志。

《古兰经》包含一百一十四章，每一章都有标题指明这段经文是穆罕默德在希吉拉（穆罕默德从麦加迁徙到麦地那）之前还是之后所受的启示。经文对婚姻、离婚、继承、丧葬、政治会议等问题都做了详尽的规定。教训成分要多于叙事内容。和《圣经》不同，《古兰经》中的故事并没有一个明确的开端、经过和结尾。

先知穆罕默德离世后，其信众继承了他的衣钵，伊斯兰教也迅速传播开来。然而不同宗派间也发生了神学问题上的冲突。将《古兰经》翻译成方言或其他非阿拉伯语的行为造成了一些教派的分裂，信徒间对经文含义的不同阐释也引发了激烈的争论。

现存最古老的《古兰经》手抄本残片，即伯明翰《古兰经》手稿，据放射性碳定年法测定，其年份应早于公元 645 年。首个拉丁文译本出现于 12 世纪的十字军东征时期。最早的印刷版在 1537 年至 1538 年间问世于威尼斯。截至 1990 年，《古兰经》已被翻译成了若干种主要语言，不过穆斯林学者将这些外语翻译作品定性为“评论与阐释”，以此区分于阿拉伯语原本。现今，全球各地都遍布着大量的穆斯林族群。

伊斯兰教规定其礼拜者在诵读《古兰经》时必须遵守相应的规则，诵读者必须坐定，面朝麦加的方向，以适当的节律诵读。虽然伊斯兰教认为男女在精神上相互平等，但对不同性别有着许多不同的要求。

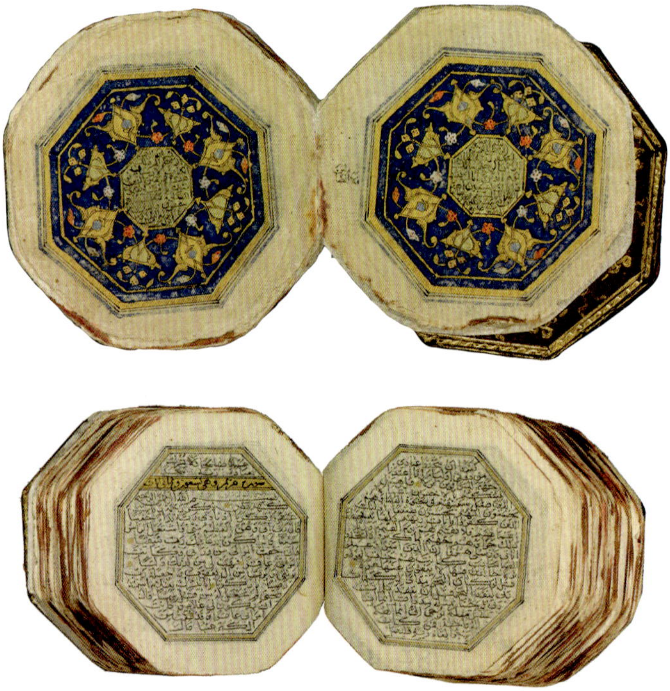

16 世纪《古兰经》抄本中的几页

《天方夜谭》

（800 年至 900 年）

史上首部枕边故事集《天方夜谭》中的故事，首次引入了当今作者已习以为常的叙事技巧。比起孕育了它的东方国度，其对西方文学的影响要更为巨大。

《天方夜谭》（即《一千零一夜》）一书的内容经历了上千年的演变发展。其中最古老的故事出自公元 8 世纪至 9 世纪的波斯与印度。直到公元 10 世纪，《天方夜谭》才真正收入了阿拉伯人的故事。13 世纪时，一些来自埃及与叙利亚传统的故事也加入其中。

有一个共同特征始终贯穿于《天方夜谭》的成书过程中：框架故事的运用。这是一种见于早期梵语著作中的文学技巧，也就是说一则故事中的角色会进而讲述另一个新的故事。在《天方夜谭》中，苏丹山鲁亚尔为了避免妻子对自己不忠，每晚都会处决一位新妻子。他的最后一任妻子山鲁佐德想出了一个主意，每晚为苏丹讲一个故事，并把故事的结局留给第二天晚上交代，以此免遭毒手。书中接下来所展开的即是山鲁佐德讲述的故事，在她讲了一千零一个故事之后，山鲁亚尔决定不再加害于她。

《天方夜谭》展现了叙事的强大力量，它将读者从沉闷的现实中解救出来，向人们传达了道德伦理观念。更为重要的是，它还具有极强的娱乐性。在《天方夜谭》中，

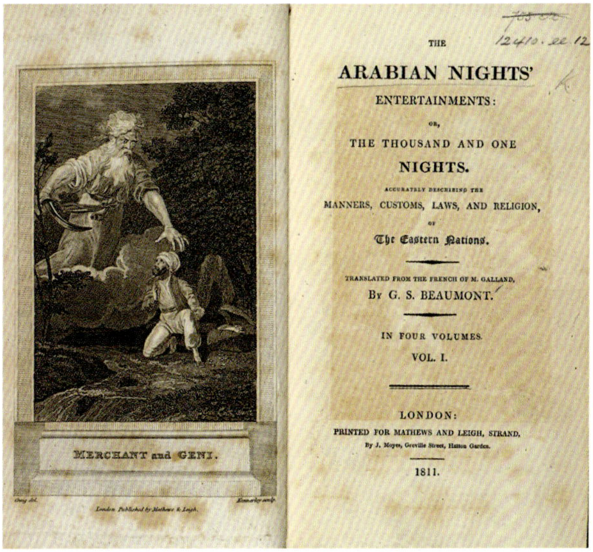

1811 年的英文版，以安托万·加朗的翻译为底本，后者于 1704 年至 1717 年间分十二卷出版

人们处处可以找到早期犯罪小说、滑稽喜剧、情色小说、哥特恐怖文学以及最初的鬼怪故事的范例。

尽管题材来源多样，一些主题仍然将全书统一了起来。许多故事都讲了穷人如何跻身到富人行列又如何因为贪财而落魄；另有许多是幻想性的或者魔幻性的，譬如“阿拉丁”；其他一些，例如“阿里巴巴”，其主题则是主人公的好运，以及利用这份好运的才能。

“渔夫与魔鬼”，出自1907年的版本，埃德蒙·杜拉克绘

“阿里巴巴”与“阿拉丁”这两则向来被人们认为是《天方夜谭》中具有代表性的故事，实则是在非常晚的时候才被添加进来的。《天方夜谭》的首个欧洲翻译版于1704年在法国出版。其编者安托万·加朗也步他的许多前人之后尘，在集子中加入了一些自己撰写的故事。“阿拉丁”与“阿里巴巴”就在此列。

以加朗的编译为蓝本的英译本于1706年问世，并且首次使用了《天方夜谭》这一标题。然而，最终确定的英译版本由探险家理查德·伯顿翻译于1885年，他也是第一个以英语翻译出版印度《爱经》的人。伯顿欣然还原了加朗与其他人因顾虑体面问题而删除的一些情色片段，并且添加了脚注解释东方人的性风俗。

现今流通的诸多版本正好证明了其经久不衰的魅力，其所造成的冲击力依旧不减当年。1985年，埃及就禁封了一个未删节的版本，因为它违反了色情文学管制法。不过，正如萨尔曼·鲁西迪所说的：“有时一些伟大的禁书会藐视审查制度给出的说法，对整个世界产生影响——《尤利西斯》《洛丽塔》和《天方夜谭》正是这样。”

《源氏物语》

紫式部

（约 1021 年）

《源氏物语》是早期日本文学中的杰作，有时被誉为世界上第一部长篇小说，在其开始流传的一千年后仍是日本小学生的必读书。20 世纪的翻译向全世界的读者展现了其光辉。

紫式部小说的主人公源氏是一位相貌俊美的青年，虽然是皇子却被迫过着平民的生活。《源氏物语》简单记叙了源氏的生平，夹杂着政治阴谋与爱情冒险。全书的主旨是“物哀”，这一表述在文中重复出现了一千多次。源氏在宫廷中的命运跌宕起伏，占据了故事的前两个部分。第三部分讲述了其子在他死后所遭受的苦难。全书最初分为至少五十四回，历时十多年完成。

与许多伟大的文学作品一样，《源氏物语》之出类拔萃，不仅因其丰富的诗意与叙事，还因为它是后人了解其写作时代的一个窗口。紫式部（约 973—1031）生活在平安时期，这是日本历史上一个相对稳定的时期。她是强盛、掌控着国家的藤原氏家族的一员。她入宫做了宫女，过着讲究、享乐的生活，完全隔绝于世俗大众。

女子因为其性别进一步受到孤立。她们不能在公众面前抛头露面，即便在婚嫁后也要与父亲同住，丈夫只能偶尔前来探

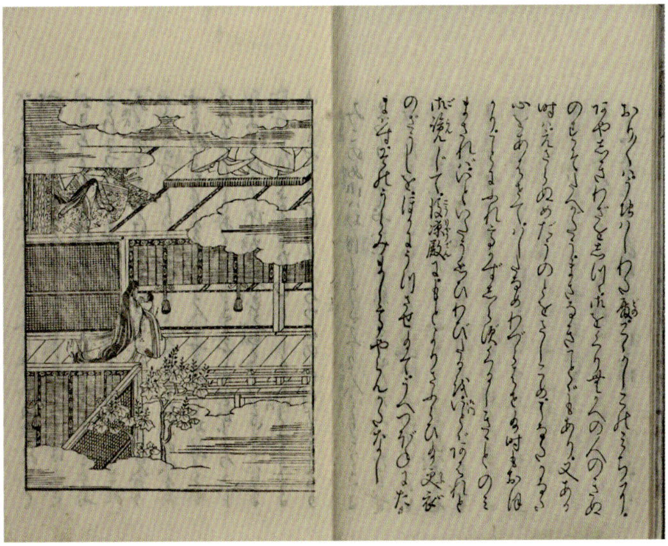

《源氏物语》首个印刷版中的两页。这一版本于 1654 年在京都出版，其木刻插画系山本春章（1610—1682）所作

望。女子被认为在智能上逊男性一等，因此无缘学习国家与商务上的官方语言——汉语。相反，她们被鼓励阅读用假名（日本文字的最初形态，出现于平安时期）写成的故事。爱情故事颇受人青睐，或许也正是因为紫式部享有作家的声誉，她才获准入宫成为公主的侍女。

日本艺术家歌川国定（1823—1880）的木版画，展示了《源氏物语》第四十一回中的一幕

紫式部开始为其他宫女写作，她们和她一样都被剪断了与社会的联系且失去了人生的激情。她的读者们轮番抄写她的文稿并且四下传播。因此，这篇故事迅速声名远扬。尽管最初的手稿业已遗失，但仍有约三百篇早期的抄本保存了下来，每一篇都有耐人寻味的细节上的变化。先前未曾发现的抄本仍在尘封的档案中不时被发现。

这部史诗般的小说显示了中国古典诗歌以及紫式部时代的日本散文故事的影响。她的伟大创见在于她只涉及了纯粹世俗的主题，捐弃了前人故事中的超自然与魔法等成分。她所书写的世界是近代的世界，也是一个完全为其读者所理解的世界。

首部英语全译本出版于1933年，博尔赫斯在读过之后称紫式部的著作“带有几乎不可思议的自然态度，让我们感兴趣的并非其异国情调……而毋宁说是小说中的人的激情”。《源氏物语》虽源自11世纪的日本，但其对人类心理的深刻洞见，仍然与今日的我们息息相关。

《神曲》

但丁

（1308 年至 1321 年）

中世纪最伟大的文学创作是一部规模宏大的寓言诗，这部长诗虚构了一次地狱、炼狱与天堂之旅，由古罗马诗人维吉尔作为向导。基于其所展现的惊人的视野、细节和启示性，评论家们将其文风比作是一座哥特式大教堂。

但丁·阿利基耶里（1265—1321）是一位生于佛罗伦萨的诗人，他于 1308 年起着手创作一篇虚构性的、讲述来世之旅的宏大故事，他最初给它起名为《喜剧》。十二年后，也就是 1320 年，他才完成了这篇长诗。这部作品对《十日谈》的作者乔万尼·薄伽丘（1313—1375）产生了深远影响。出于对这部诗作的热烈推崇，薄伽丘在标题上加上了“神圣的”几个字，就有了现今的标题《神圣的喜剧》，亦即《神曲》。

这部史诗遵从 14 世纪天主教会宣扬的中世纪来世观，描述了但丁虚构性的地狱、炼狱和天堂之旅，象征着灵魂从罪恶到净化的过程。

但丁的想象来源于他在宗教文学、历史、艺术和宇宙学上的广博知识。他将许多神话、历史和哲学上的著名人物以及他自己的一些朋友和敌人安插进了诗的三个部分里。

但丁以第一人称写作，这在当时是不同寻常的。他就像探险家那样记录下自己的旅程，其记述起始于耶稣受难节的前夜，结束于 1300 年之春的复活节后的星期三，那时候但丁应该有三十五岁了，正好走完

多梅尼科·迪·米切利诺绘于 1456 年的但丁肖像，题名为《“喜剧”照耀佛罗伦萨》，位于佛罗伦萨大教堂。同诗一样，这幅壁画分为“地狱”“炼狱”“天堂”三个部分

了他预期中的人生的一半。

在诗的开篇，但丁迷失于森林之中，遭遇到三头凶险的野兽：一只狮子、一只豹和一只狼。他无法找寻到获得救赎的正确道路。

“抛弃一切希望吧，你们这些由此进入的人。”地狱之门上镌刻着如是的字句。

这里到处都是叹息、哭泣和凄厉的叫苦声，
这些声音响彻那无星的夜空，
因此，我乍闻此声，不由得满面泪痕。
不同的语言，可怕的呼嚎，
惨痛的叫喊，愤怒的咆哮，
有的声高，有的声低，还有手掌拍打声与叫声混在一起，
一直回荡在这昼夜不分的昏天黑地，
犹如旋风卷起黄沙，把太阳遮蔽。

（黄文捷译）

大约绘制于1470年的但丁《地狱篇》插图，展现了路西法折磨罪人的场景

但丁使用托斯卡纳方言而非标准的拉丁文写作，进一步增加了托斯卡纳方言的普及度，并促使其成了意大利的通行语言。

虽然在出版后的几个世纪里，《神曲》一向被尊为旷世杰作，但是到了启蒙时期，它却失去了评论家们的青睐。艺术家威廉·布莱克于1826年受委托为《神曲》绘制了几页插图，帮助其恢复声名。19世纪的浪漫主义作家也重新开始审视这部作品。亨利·沃兹沃思·朗费罗是《神曲》的首位美国译者。诗人T. S. 艾略特对但丁在文学巨擘中的地位确信不已，他写道：“但丁和莎士比亚平分了整个世界，再没有第三者了。”

《坎特伯雷故事集》

杰弗里·乔叟

（1390 年代）

这部讲述了形形色色的朝圣者的短篇故事集，写于英国历史上动荡的社会变革时期，由一位王室官员以诗体和散文体完成，不仅改变了英国文学的面貌，而且为我们留下了一幅 14 世纪末英国社会的生动画像。

1386 年，杰弗里·乔叟（约 1343—1400）已经走完了一段极为活跃的人生道路，他先后出任过关税管理员、治安法官、下议院议员等许多不同职务。三年后，他又被任命为王室工程书记官。正是在他人生的尾端，他开始创作一部重要的叙事诗集——《坎特伯雷故事集》。这部登峰造极之作展现了作者敏锐的观察、辛辣的幽默、深刻的心理洞见、卓绝的文学技艺以及优雅。

这部作品的独到之处在于，当时的其他文学作品以及乔叟此前创作的作品都是用法语或拉丁文写成的，而这部书以中世纪英语方言创作而成，虽然乔叟借鉴了法国、意大利和古代的传统。在此过程中，他使中世纪的英语变得更加完善。

《坎特伯雷故事集》包含二十四个故事，总计超过一万七千行诗，记叙了包括他自己在内的三十一位旅者从泰晤士河南岸的泰巴旅店出发到坎特伯雷大教堂的圣托马斯·阿·贝克特祠的朝圣之旅。乔叟在故事讲述中运用了故事套故事的文学手法。为了打发时间，旅店的老板提议进行一场故事竞赛，每个朝圣者都要在前往的路上和归程中各讲两个故事，讲出最佳故事的人可以在回来后赢得一顿免费的晚餐。

因此，全诗不仅讲了很多故事，而且充满了众多不同的声音，展现了英国本土社会的横切面。一些知名角色包括厨师、骑士、木匠、修女和修道士。其人物塑造极为广泛地涵盖了来自各阶级与行业的人的品质，融合了幽默、粗俗、虔诚、博学、睿智以及其他个人特色。乔叟表明了分属不同阶级的角色互动的方式以及他们在讲话方式上的分别。乔叟在《引言》中作出了如下的解释：

无论是谁，要复述别人的故事，

就得尽量复述原话的每个字——

越接近越好，只要有这个能力，

哪怕说这样的话放肆又粗鄙——

要不然他就歪曲原来的故事，

或生出新枝节，用了新的语词。

（黄杲炘译）

《坎特伯雷故事集》批判性地描摹出了一幅英国社会全景，还夹杂了一些对教会观念变革的评论，这也表现出乔叟能够充分驾驭各种不同的文学形式、手法和语言风格。他用优雅的英文写出了这些漂亮的诗行，也抬升了英语在文学语言中的地位。

乔叟去世时未能完成他最初计划的一百则故事，虽然乔叟的原稿均已遗失，但已知还有不下八十三部中世纪末和文艺复兴时期初的副本保存了下来。其中最为古老的是保存于威尔士国家图书馆中的亨格厄特乔叟手抄本，被认为写于1400年，临近乔叟去世之时。通常被用来出版《坎特伯雷故事集》的基础文本是写于15世纪初的埃尔斯米尔手抄本，其名称来源于它之前的所有者，现存于加利福尼亚州圣玛利诺市的亨廷顿图书馆。

《坎特伯雷故事集》的首个印刷版出版于1478年，据称仅余10册存世。

《坎特伯雷故事集》无疑是文学史上最富野心的著作之一，其令人眼花缭乱的文学风格，生动展现了中世纪英国的生活图景。正因为此，现今它依旧被世人研究和欣赏。

Prologue

Of dubbyl worstede was hys semy cope
That rounded was as a belle out of presse
Somwhat he lispyd for hys wantownesse
To make hys englyssh swete vpon hys tonge
And in hys harpyng whan he hadde I sunge
Hys eyen twynklyd in hys hed a ryght
As doon the sterris in the frosty nyght
Thys worthy frere was callyd hulberd

A Marchaunt ther was wyth a forkyd berd
In motley on hygh on hys hors he sat
Vp on his hed a flaundres beuer hat
Hys bootis claspyd feyr and fetously
Hys resons he spack ful solempnely
Shewynge alway the encresse of hys wynnynge
He wolde the see were kept for ony thynge
Betwyx Myddelburgh and orewelle
Welle coude he in hys eschaunges selle

威廉·卡克斯顿1483年版《坎特伯雷故事集》中的骑士木刻画

古登堡《圣经》

（1450 年代）

约翰·古登堡的《圣经》是第一本采用活字印刷术印制的重要图书，其出版决定性地展现了活字印刷术的优势，在此后的世纪里激起了文化、经济和知识领域的巨大变革。

无论作为历史文献还是宗教手册，《圣经》的巨大影响力都是毋庸置疑的。而由约翰·古登堡（约 1400—1468）印制的版本，则宣告了一场可以说是对社会影响更为巨大的技术革命的来临。

在古登堡改变印刷工序以前，印刷是由费力雕刻的木板完成的，每印一页就需要一块木板。这样的工序印制图像尚可，印刷文本的话，不论篇幅多长，都要耗费太长的时间。比如说，一处拼写错误就意味着一切不得不从头再来。而像《圣经》这样的大部头，则是直接用手抄写在羊皮纸上。每一本都要耗时数年，而且这项工作仅仅由修道院中一些识字的修道士来完成。因此，教会在知识和读写能力的传播上掌握着巨大的权力。

古登堡生于德意志美因茨一个熟练的金属工匠家庭。他可能早在 1430 年代就开始了活字印刷的实验，这种印刷方法中的每一个字母都是由金属熔铸而成的、单独的、可重复使用的小块。在对单页文字，进而对一些小书做了尝试性印刷后，古登堡感到有足够的信心来尝试印刷《圣经》。这是一项浩大的工程。1286 页的《圣经》一次印刷两页，每两页待印的文字都是由手工进

行排版和压印的，印好后再将活字取下，为之后的两页重新排版。据估算，谷登堡花费了三年时光印刷了大致180册《圣经》，相当于一个修道士抄写一部《圣经》的工作时长。

古登堡可能是用细砂制成的模子浇铸金属字母，这道精细的工艺现今依旧被用来制作细密的铸铁器物。他的一套活字需要270个不同的字符，包括大小写、标点符号和缩写词。古登堡发现传统的水性墨在被压印在纸上以前并不容易粘在金属字母上，于是他发明了一种新的油性墨，在页面上留下了一种前所未有的色泽深度。

最初被称为“图书倍增”的新印刷术所造成的影响再如何夸大也不过分。各类书籍现今都仅用制作一本手抄本所耗费的财力和劳力的一小部分，就能批量化地再生产。随着愈来愈多的人们得以接触到印刷文字，社会的识字率也大有提升。书中蕴含的思想和知识比以往任何时期都能更为迅捷地供人交流、探讨和发展。古登堡《圣经》的出版直接导致了文艺复兴时期的到来与现代科学的诞生，其对社会的巨大影响堪比互联网的发明。

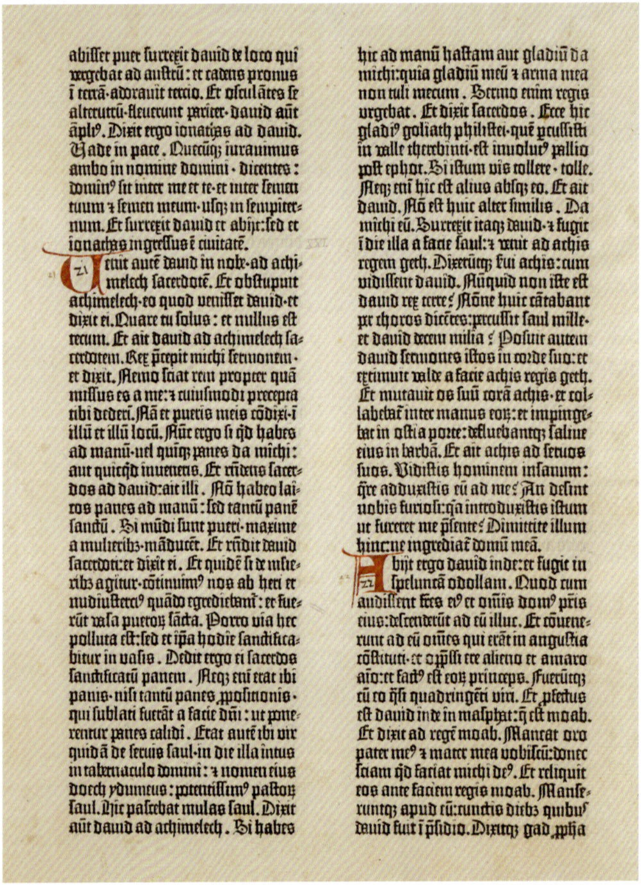

印刷于1450年代的四十二行《圣经》的示例图。每一新章节的首字母均由手工涂成红色或蓝色

引人注目的是，有49部古登堡《圣经》保存了下来。1978年，最后一部被人拿上拍卖会竞拍的古登堡《圣经》以220万美元的价格售出，如果这换作是发生在今天，那么竞拍结果恐怕会达到3500万美元。

《君主论》

马基雅维利

（1532 年）

这部探讨如何获取与执掌权力的著作，源自马基雅维利对君王、领主、教皇相互尔虞我诈的亲身观察。书中所给出的非道德建议曾引发争议，然而五百年过去了，这本书仍然被野心勃勃的政治家们广泛阅读。

马基雅维利（1469—1527）时代的意大利并非如我们今天所知的那样，是一个统一的国家，而是由那不勒斯、罗马、威尼斯、米兰、佛罗伦萨等独立的小国所组成。这一破碎的政治格局使得其经常被邻国侵扰。此外，在意大利的小国之间甚至它们内部，还普遍存在世仇。譬如，在马基雅维利的一生中，他的故乡佛罗伦萨就长期陷入美第奇家族与波吉亚家族的政治斗争。

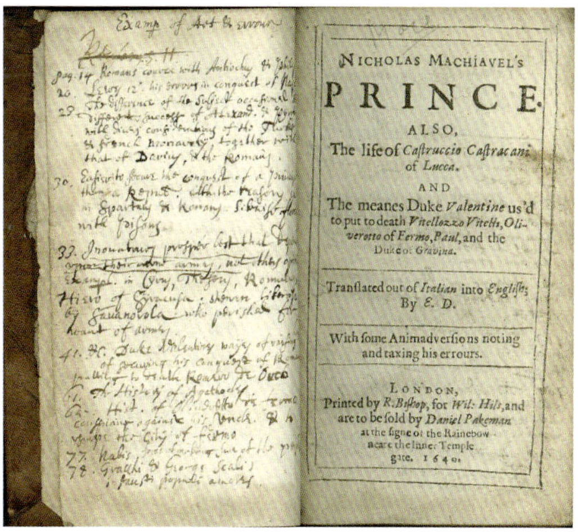

1640 年首部英译本

1500 年，马基雅维利访问了路易十二治下的法国，他对法国作为单一国家所拥有的那种相对和平与稳固印象深刻。法国经常干涉意大利事务，路易十二与教皇达成协议，任命切萨雷·波吉亚为佛罗伦萨东部邻省罗马涅地区的统治者。波吉亚以追求权力的残酷与狡黠闻名，正是这两点品质被马基雅维利认为是建立他理想中如法国般统一稳固的意大利所不可或缺的。

他开始将他的思想付诸笔端，《君主论》的初稿于 1513 年流传开来。先前的作家认为高级行政官员的行动应该服从于更高的道德原则，而马基雅维利则辩称，过于强烈的道德使命感会妨碍人攫取和行使权力。

马基雅维利援引意大利历史上的真实

案例为集权、残酷的统治申辩，认为统治者仅需为博得民众好感而佯装良善。在一个国家城邦并立纷争的时代，他坚信有所获利的军事行动，辅以策略性的外交，才是成功立国之本。战争是政府的一种必要工具，而非出于邪恶本性使然。

简而言之，为了达到目的，亦即权力，任何手段都是合理的。这是扎根于现实世界的政治理论，是为君主所作的实用指南，只是到了其发表后的数个世纪里，它才变成了一种政治哲学。马基雅维利去世五年后，《君主论》终于得以出版，人们谴责其中的观点有违道德伦理。英译本直到 1640 年才开始刊印，不过一些翻译手稿早在 16 世纪末就已暗自流传。马基雅维利对人性的理解，受到了英国内战、美国独立战争领袖，甚至芝加哥、纽约黑帮头目的热烈推崇——约翰·高蒂称其为黑手党人的《圣经》。从亨利八世到斯大林，《君主论》对这些世界领袖都产生了极为深远的影响。

人们经常用“马基雅维利主义”意指政治上的诡诈或残酷、不择手段。实际上，马基雅维利的思想要更为复杂，它试图唤起公民的自豪感以及爱国主义精神。马基雅维利希望借此可以指引君主建立一个强大、稳定、统一的意大利。意大利最终于 1871 年统一。

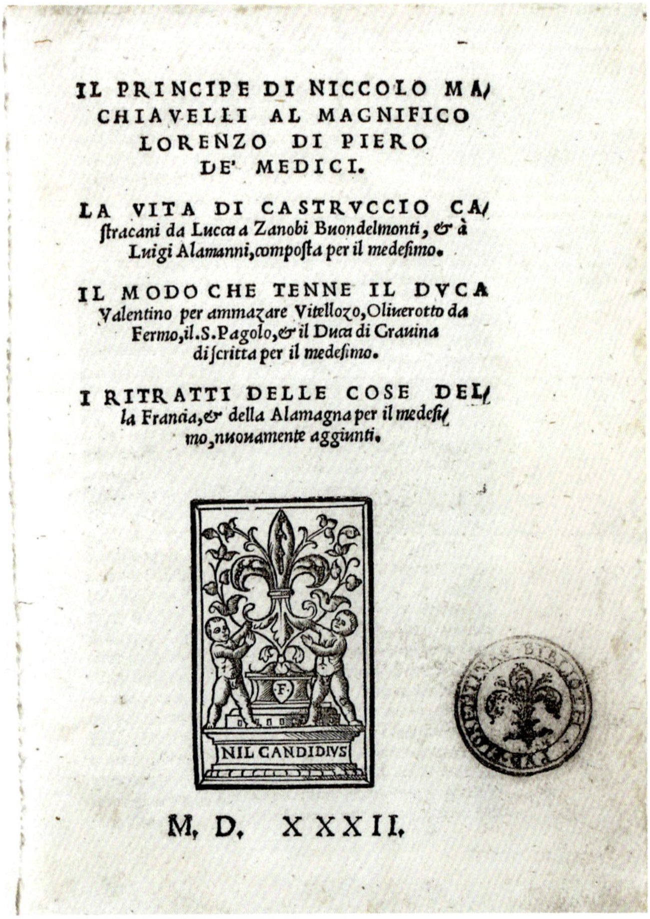
IL PRINCIPE DI NICCOLO MA/
CHIAVELLI AL MAGNIFICO
LORENZO DI PIERO
DE' MEDICI.

LA VITA DI CASTRVCCIO CA/
stracani da Lucca a Zanobi Buondelmonti, & à
Luigi Alamanni, composta per il medesimo.

IL MODO CHE TENNE IL DVCA
Valentino per ammazare Vitellozo, Oliuerotto da
Fermo, il S. Pagolo, & il Duca di Grauina
discritta per il medesimo.

I RITRATTI DELLE COSE DEL/
la Francia, & della Alamagna per il medesi/
mo, nuouamente aggiunti.

M. D. XXXII.

意大利 1532 年初版的扉页

《天球运行论》

哥白尼

（1543 年）

这位文艺复兴时期的天文学家和数学家直至临终之际，才发表了这部将确乎改变地球在宇宙里的位置的著作。他的日心说被认为开启了西方文明中的科学革命，其影响使从马克思、爱因斯坦到弗洛伊德的现代思想家认识到，人类及其迷信不再是宇宙至高无上的主宰者。

波兰几何学家尼古拉·哥白尼（1473—1543）早在 1514 年就开始秘密致力于宇宙论的研究，并且在 1530 年代就写下了相当长的篇幅，不过他却对发表这些著作犹豫不决，因为知道教会会为此指控他。他的太阳系模型以太阳而非地球作为宇宙的中心，将会否定统治了十四个世纪之久的托勒密的地心说模型。随着有关哥白尼的亵渎性论文的传言四起，马丁·路德于 1539 年就此说道："人们去听一个自命不凡的占星术士努力表明说，是地球在旋转，而不是天空或苍穹，也不是太阳和月亮……这个傻瓜想要颠覆整个天文科学；然而《圣经》告诉我们约书亚命令的是太阳停留在原处，而不是地球。"

读过并理解哥白尼手稿的少数几个人中间，有他的助理格奥尔格·约阿希姆·雷蒂库斯。这位年轻的数学家说服了他的导师将手稿交给哥白尼的好友蒂德曼·吉泽主教，后者在德意志的纽伦堡将其出版。著作的最后几页包含了写给保罗三世教皇的赠言和引语，其中哥白尼承认了他的理论可能会受到神学上的拒斥。不过，他也小心翼翼地讲到，数学应该是其理论能被理解和接受的基础，而他著作的专业性会使那些没有受到过高等几何学训练的教士难于理解。

《天球运行论》以拉丁文写成，问世于哥白尼去世不久后的 1543 年。扉页包含了以下这段文字，它以数学术语表达了这一理论的影响：

勤奋的读者，在这部刚创作和出版的著作中，您会了解恒星和行星的运动。这些运动是根据古代以及新近的观测重新确立的，并且用新颖而奇妙的假说加以修饰。您还会找到最方便的表格，用它们可以非常容易地在任何时刻计算出那些运动。因此，请购买、阅读和欣赏这部著作。没有学过几何学的人，不准入内。

全书分为六卷，遵循了与托勒密那本统治了西方思想数世纪的《天文学大成》同样的体例。第一卷的前十一章交代了哥白尼日心说的大致轮廓，并阐释了他的宇宙论。

哥白尼的著作起初没有得到任何回应。这本书以高度专业的术语写成，超出了大多数读者的认知范围，最初印的 400 册都没有卖光。然而，一段时间过后，其引起争论的结论终于被人了解，激起了来自恪守教条的科学家们的狂轰滥炸。虽然它没有遭到正式禁止，但长期受到天主教会的打压，直至 1758 年，而路德也抨击这本书。

尽管这本书长期以来被人们誉为科学革命的起点，近来一些科学史家却贬低了哥白尼的成就，因为他的工作实则已被马拉盖学派的阿拉伯天文学家们做过了。

哥白尼的手稿（上图）与 1543 年的初次印刷版（左图），表达了他颇具争议的以太阳而非地球为中心的日心说模型

《堂吉诃德》

塞万提斯

（1605年）

即便是从未读过《堂吉诃德》的人，也对书里面富有同情心的主角——骑在一匹瘦马上大战风车的瘦子与他骑着一头胖驴的胖仆从——略知一二。然而，这部小说并非仅仅是一系列降临在这位充满妄想的傻瓜与其同伴身上的悲喜剧。

《堂吉诃德》是一部你越读越能体验到其智慧与人性的小说。它原本是对当时流行的文学——那些描写身披锃亮铠甲的骑士勇斗怪物拯救少女故事的怀旧骑士罗曼史——的漫画式抨击。堂吉诃德正是因为读多了这类故事，变得神志不清，相信他自己能成为这样一位游侠骑士，于是动身去凡世间纠错惩恶。他雄壮的战马其实只是他仓院中一匹叫驽骍难得的老马，他的扈从不过是一个叫桑丘·潘萨的笨拙雇农，而他心仪的贵族小姐杜尔西内亚仅仅是农夫的女儿。他大战风车，以为它们是巨人，他杀入羊群，以为它们是支军队。

首个英译本，由托马斯·谢尔顿翻译，出版于1612年

不过他们并非单纯是滑稽剧中的传统角色。塞万提斯（1547—1615）创造了这些角色后，也让他们在历次所受人生教训中提高了情商并扩展了经验。读者与塞万提斯，似乎都在亲眼见证主要角色们慢慢成熟的过程，并且最终在这出戏中，看到了各色极富人情味的演员。塞万提斯在写作中非常节制，他不做评论，仅以适当的渲染和细节描写交代事件的经

过，其余的全都留待读者想象。举例来说，著名的风车片断仅有寥寥数行，却在我们心中留下了更为详尽和鲜活的印象。塞万提斯的角色们有着自己的生命，不足为奇的是，堂吉诃德本人也踏入了我们的文化与语言当中。“堂吉诃德式”一词有着“非传统的”“不切实际的”或“空想的”等含义。

EL INGENIOSO
HIDALGO DON QVI-
xote de la Mancha.
Compueſto por Miguel de Ceruantes
Saauedra.
DIRIGIDO AL DVQVE DE
Bejar, Marques de Gibraleon, Conde de Benalcaçar, y
Bañares, Vizconde de la Puebla de Alcozer, Señor
de las villas de Capilla, Curiel,
y Burguillos.

Impreſſo con licencia, en Valencia, en caſa de
Pedro Patricio Mey, 1605.
A coſta de Iuſepe Ferrer mercader de libros,
delante la Diputacion.

《堂吉诃德》初版，于 1605 年在瓦伦西亚印刷。同年还出版了另外两个版本，分别在马德里与里斯本印刷

《堂吉诃德》还对阶级分化和教会态度进行了抨击。尽管此书在一定程度上只是对陈旧的骑士文学的戏仿，然而正是堂吉诃德与桑丘身上所呈现的品性打动了读者，也正是这种品性激发了业已过时的骑士精神。

此书的第一部分出版于 1605 年，立即收获了成功，作者应允还将完成一部续篇。早在 1612 年，它就被翻译成了英文。而在西班牙，由于这本书太受欢迎，在作者完成第二部分之前，竟然出现了其他作者冒名顶替写成的第二部分。当第二部分最终于 1615 年——塞万提斯去世前几个月——问世，作者在其中引入了一些因读过第一部分而认识堂吉诃德的人，并且借他们之口批评了狗尾续貂的冒名顶替之作。这种自我指涉的文学技巧可谓非常具有现代性了。

至少有十四部已经上映的电影改编自此书，此外还有十二部改编的戏剧、歌剧以及芭蕾舞剧，这些都足以证明其经久不衰的魅力。单是 21 世纪，就有四部新出版的英译本。可见，堂吉诃德的传奇仍在延续。

钦定版《圣经》

（1611 年）

钦定版《圣经》在其首次出版四百年后的今天，仍然是对基督教信仰的最佳表述。它还是英语文学史上的一座丰碑以及有史以来最具影响力的书之一。另外，它也为统治者发挥了极为有用的政治功效。

1604 年，刚即位的英王詹姆斯一世（1566—1625）设立了一个由学者与神职人员组成的大型委员会。他们在密集的工作会议中，将完成一项异乎复杂而又敏感的神学工作。具体内容就是要把原初以希腊语、希伯来语、阿拉姆语和拉丁文写成的《圣经》翻译成一个权威认定的新版本。这一经过精雕细琢、更为易读的版本，将为新教中的各个不同派系提供一个共同的标准。

国王这样做亦有其政治方面的考虑，他希望这项工程可以促进王国的统一团结，以便世俗政权能够更为有力和方便地进行统治。

这项复杂的工作耗费七年完成，然而其结果却惊人地成功。由大型委员会操作、如此煞费苦心编辑的作品还属首例。1611 年，这部书在获得了英国教会权威认可后，由御用印刷商罗伯特·巴克首度印刷，全名为《圣经，包括〈旧约〉与〈新约〉：遵照国王特别法令新译自原始语言，并对旧译进行了勤勉的比较与修订》。这部厚重的著作有 16 英寸高，活页版售价为 10 先令，合订本售价为 12 先令。

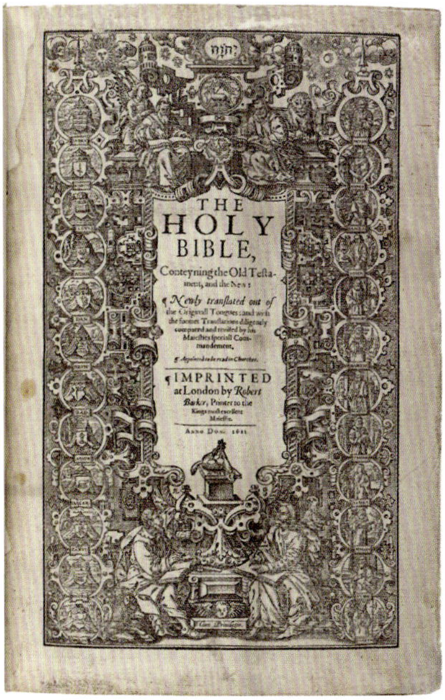

初版的扉页

新的印刷技术的推广使这本书得到了广泛的传播，它既能得见于教堂与图书馆之中，也能得见于普通人的家中。这本书不仅在英国，而且在之后将被殖民的全球范围内助长了新教信仰的发展。在此过程中，它为《圣经》的语言与英国的“宗教宣讲”确立了一个普世性的标准。

19 世纪法国小说家维克多·雨果曾写道：“英国有两本书，《圣经》与莎士比亚。英国造就了莎士比亚，然而《圣经》造就了英国。”任何人都必须承认，即便是在威廉·莎士比亚(1564—1616)、弗朗西斯·培根（1561—1626）、约翰·邓恩（1572—1631）以及约翰·弥尔顿（1608—1674）的时代，它都是一部文学上的旷世之作。

钦定版《圣经》改变了英语的风貌，为其注入了新的词汇、模式和韵律，并且通过引入全新的英语散文风格以及无数令人难忘的段落、表述以及文学技巧，大大丰富了语言本身。譬如，《创世记》的开篇章节就运用了反复的技巧：

> 起初神创造天地。地是空虚混沌，渊面黑暗；神的灵运行在水面上。神说：“要有光。”就有了光。神看光是好的，就把光暗分开了。神称光为昼，称暗为夜。

久而久之，这部作品以“英王詹姆斯钦定《圣经》”为世人熟知，以纪念其赞助人。其所确立的话语标准，成了英国文学史上的一座巅峰。

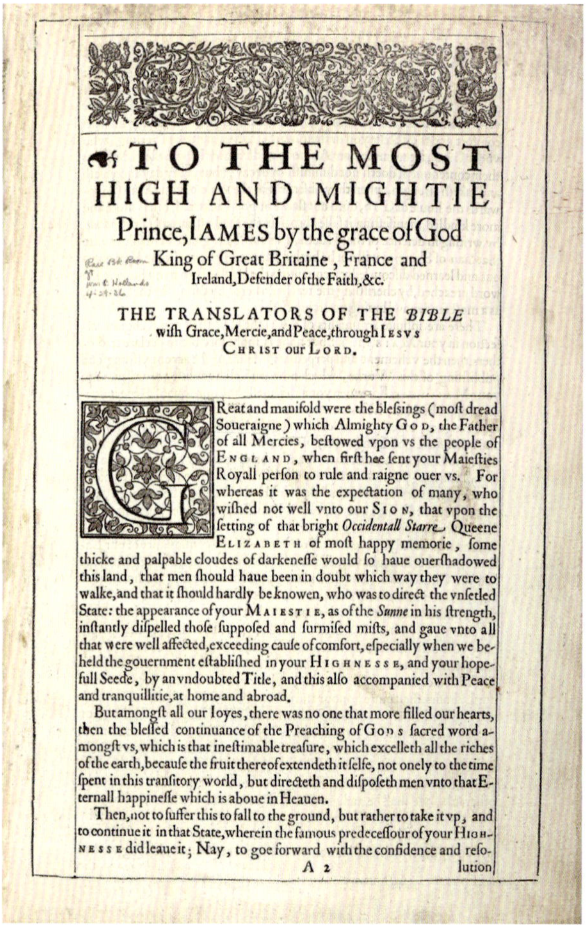

TO THE MOST HIGH AND MIGHTIE Prince, IAMES by the grace of God King of Great Britaine, France and Ireland, Defender of the Faith, &c.

THE TRANSLATORS OF THE *BIBLE* wiſh Grace, Mercie, and Peace, through IESVS CHRIST our LORD.

GReat and manifold were the bleſsings (moſt dread Soueraigne) which Almighty GOD, the Father of all Mercies, beſtowed vpon vs the people of ENGLAND, when firſt hee ſent your Maieſties Royall perſon to rule and raigne ouer vs. For whereas it was the expectation of many, who wiſhed not well vnto our SION, that vpon the ſetting of that bright *Occidentall Starre* Queene ELIZABETH of moſt happy memorie, ſome thicke and palpable cloudes of darkeneſſe would ſo haue ouerſhadowed this land, that men ſhould haue been in doubt which way they were to walke, and that it ſhould hardly be knowen, who was to direct the vnſetled State: the appearance of your MAIESTIE, as of the *Sunne* in his ſtrength, inſtantly diſpelled thoſe ſuppoſed and ſurmiſed miſts, and gaue vnto all that were well affected, exceeding cauſe of comfort, eſpecially when we beheld the gouernment eſtabliſhed in your HIGHNESSE, and your hopefull Seede, by an vndoubted Title, and this alſo accompanied with Peace and tranquillitie, at home and abroad.

But amongſt all our Ioyes, there was no one that more filled our hearts, then the bleſſed continuance of the Preaching of GODS ſacred word amongſt vs, which is that ineſtimable treaſure, which excelleth all the riches of the earth, becauſe the fruit thereof extendeth it ſelfe, not onely to the time ſpent in this tranſitory world, but directeth and diſpoſeth men vnto that Eternall happineſſe which is aboue in Heauen.

Then, not to ſuffer this to fall to the ground, but rather to take it vp, and to continue it in that State, wherein the famous predeceſſour of your HIGHNESSE did leaue it; Nay, to goe forward with the confidence and reſo-

A 2 lution

初版的引言。钦定版《圣经》至今仍是英语书籍中印刷最为广泛的作品。它由约五十位学者历时七年译成

《莎士比亚第一对开本》

（1623 年）

莎士比亚去世七年后出版的《威廉·莎士比亚先生的喜剧、历史剧与悲剧》，使他最具代表性的作品避免了永久失传的命运，并且确立了其伟大英语戏剧家的崇高声名。四百年过去了，他的至高地位仍然无人能够撼动。

威廉·莎士比亚（1564—1616）去世后，他的一些戏剧界朋友将手头材料汇集编纂成了一部权威的莎士比亚作品集，并将其交付出版。因其页面尺寸之大（借此表明这部作品集的特殊地位），这本书被称为《第一对开本》。它包含了三十六部喜剧、历史剧和悲剧，其中有十八部是此前从未印刷出版过的，它们是：《终成眷属》《错误的喜剧》《科利奥兰纳斯》《皆大欢喜》《安东尼与克莉奥佩特拉》《辛白林》《亨利六世》《亨利八世》《裘力斯·凯撒》《约翰王》《麦克白》《一报还一报》《驯悍记》《暴风雨》《雅典的泰门》《第十二夜》《维洛那二绅士》以及《冬天的故事》。

莎士比亚的两位同事和好友，约翰·赫明斯和亨利·康德尔耗费了两年时间辛苦收集并编辑了这些剧本，其所依据的材料主要为莎士比亚亲笔脚本、提白剧本以及其他文稿。将这些剧本合并成书又是一项极为繁琐的工作，全书总计超过九百页厚。其中有十四部喜剧（包括《威尼斯商人》《仲夏夜之梦》和《无事生非》），十部历史剧（包括《理查二世》和《理查三世》）以及悲剧（包括《哈姆莱特》《李尔王》以及《罗密欧与朱丽叶》）。

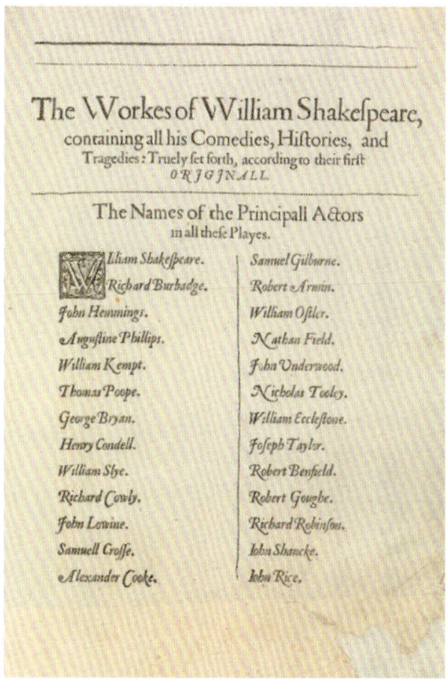

The Workes of William Shakeſpeare,
containing all his Comedies, Hiſtories, and
Tragedies: Truely ſet forth, according to their firſt
ORJGJNALL.

The Names of the Principall Actors
in all theſe Playes.

William Shakeſpeare.	Samuel Gilburne.
Richard Burbadge.	Robert Armin.
John Hemmings.	William Oſtler.
Auguſtine Phillips.	Nathan Field.
William Kempt.	John Underwood.
Thomas Poope.	Nicholas Tooley.
George Bryan.	William Eccleſtone.
Henry Condell.	Joſeph Taylor.
William Slye.	Robert Benfield.
Richard Cowly.	Robert Goughe.
John Lowine.	Richard Robinſon.
Samuell Croſſe.	John Shancke.
Alexander Cooke.	John Rice.

莎士比亚的两位同事与朋友约翰·赫明斯与亨利·康德尔整理了这张文稿，他们与莎士比亚本人均出现在“主要演员”的名单上

尽管其中的十八部戏剧此前曾以尺寸较小的四开本出版过，然而这一新修订后的版本所依据的材料要更为可信，其可读性也更强。这部作品集的扉页上还印有一幅莎士比亚的肖像

画，由一位从未见过莎士比亚本尊、名叫马丁·德罗肖特的年轻画家绘制（不过莎士比亚的朋友们声称，这幅肖像画与莎士比亚本人极为相似）。另外，全部印刷过程也要求工人格外细心。

这本书的未装订版最初售价为一英镑，装订版为二或三英镑。学者们普遍认为《第一对开本》在 1623 年大概印刷了 750 册。

马丁·德罗肖特标志性的莎翁木刻画，赢得了莎士比亚同代人本·琼生的认可。后者还在迎面页上写了一首短诗，作为这幅肖像的陪衬

这个项目从一开始就显得不同寻常，因为戏剧在英国还从未以对开本的形式出版过，也不被认为重要到或出名到值得用这般大规格出版。然而，令这部书不同以往的正是其内容的质量。莎士比亚的朋友本·琼生（1573—1637）就在序言中写道："他不仅仅是一代大师，更是不朽的。"

莎士比亚的许多剧作不仅在当年的观众间脍炙人口，即便在今天，也仍是文学、舞台剧以及大荧幕中的最爱。伟大的现代戏剧与电影导演劳伦斯·奥利弗就将莎士比亚的作品比为"最接近'上帝之眼'的化身"。

莎翁的一些故事颇为深入地展现了人的心理和阴暗面。《奥赛罗》探索了淫欲、嫉妒和种族歧视的主题；《麦克白》检视了自我毁灭式的野心和弑君的偏执；《罗密欧与朱丽叶》处理的是一段孽缘造就的激烈悲剧；《哈姆莱特》则深入了复仇心的渊薮。

一些戏剧情节之后被改编成了歌剧、音乐剧和交响乐，《第一对开本》的影响更是延伸到了舞台、荧幕和音乐厅以外。西格蒙德·弗洛伊德就曾坦言，他在莎士比亚的熏陶下发展出了有关无意识的理论以及其他精神分析学观念，正是莎士比亚让他理解了人类情感。

《显微制图》

罗伯特·胡克

(1665年)

1660年代，一位年轻而杰出的英国博物学者使用刚刚改良过的显微镜，对先前还不可见的世界进行了一番探索。尔后他分享了他的发现，在一本惊人的著作中向世人展现了如跳蚤、蚊等微小生命体以及一片软木塞薄片的组织结构的数倍放大图。

塞缪尔·佩皮斯在他的日记中写到，他曾熬到凌晨两点钟，细读罗伯特·胡克的《显微制图，或借由放大镜作出的有关微小躯体的一些生理上的描述，并附带评论与探究》。他称其为“我一生中所读过的最具原创性的书”。他的看法得到了普遍的认同，荷兰天文学家克里斯蒂安·惠更斯就曾因这一惊人的观察结果迅速向皇家学院道贺。这部图文并茂的著作既成了畅销书，也成了一部经典，为科学研究领域开创了一个崭新的世界。

胡克(1635—1703)曾就读于牛津大学，与诸如约翰·威尔金斯、托马斯·威利斯、罗伯特·波义耳等学术巨擘共事，那时他就已经完成了许多不同的科学实验和发明。胡克通常会为自己设计制作器具，例如真空泵和望远镜，不过这次他使用了一架做工精良的光照显微镜来观察那些小到肉眼无法看到的生物与组织。尔后，他又利用自己的绘图能力，将他透过镜片所看到的景象细致入微、分毫不差地描摹了下来。

胡克所绘制的插图，向读者们展现了一个他们从未想到过的微观世界。“借助显微镜，”他写道，“没有什么东西能小到被我们的探究所遗漏。从此往后，这就有了一个全新的可视世界了。”他的著作为世人打开了这个有着寄生虫、昆虫和活细胞的奇观世界的大门。

在书中的超大号页面上，他呈现了一幅18英寸（约45.7厘米）长的巨大跳蚤展示图，以及一张2英尺宽（约62厘米）的勾在人类毛发上的怪物般的虱子展示图。诸如“蜗牛牙齿”“野生小麦的芒”等此前肉眼无从得见的奇特景象现如今被昭之于众。他的这部著作，也成了首部大受欢迎的咖啡桌摆设图书。

在一则条目中，他描绘了他从软木塞薄片中观察到的景象，写道：

> 我可以很明显地观察到它有着许多孔洞和气孔，很像一个蜂巢。不过其气孔并非寻常……这些气孔，或称细胞……确实是我有生以来第一次在显微镜下看到的气孔，或许也是人类首次看到的，因为我还未曾见过有作家或者谁在此前曾提及过它们。

这段描述也是科学史上最著名的段落之一，部分是由于他为植物内部箱子似的外观所发明的术语——“细胞”——后来成了生命科学中生命的标准单位。

胡克文中还包含了对化石有机起源的开创性评论、对遥远的行星的描述以及许多其他发现。作为英国皇家学会的首部重量级作品，《显微制图》也成了自然科学历史上最为重要的著作之一，并且它还激发了公众对显微镜学、生物学、古生物学以及天文学等领域的广泛兴趣。

胡克历来被认为是 17 世纪最杰出的实验科学家。他后来还担任了伦敦市的测量员，作为克里斯托弗·雷恩的首席助手，监督 1666 年伦敦大火后的城市重建工作，并且亲自设计了一些地标性的建筑物。胡克在他自己的时代并不乏毁谤者，然而时至今日，他已然被公认为科学史上最为伟大的人物之一。

跳蚤的插图，揭示了一个此前从未被人看到过的微观世界

《失乐园》

约翰·弥尔顿

（1667 年）

弥尔顿的史诗重新讲述了亚当与夏娃被逐出伊甸园的故事，它植根于弥尔顿深刻的清教主义信仰。然而，无论有着何种宗教信仰或是没有宗教信仰的人，都赞赏这篇对善恶作出精湛考察的诗。

约翰·弥尔顿（1608—1674）生于伦敦，父亲是一位清教徒。他在古典学、艺术和自然科学等方面接受了非常广博的教育，可以流利地讲八种古代和现代语言。借此，他对韵律和遣词造句有着良好的掌控力，并且由于经常聆听父亲的音乐作品，他这方面的能力也进一步地得到了提升。弥尔顿发表的第一首诗《给令人钦佩的戏剧诗人莎士比亚的一首墓志铭》，被收录于 1632 年版的莎士比亚戏剧集第二对开本中。他采用了莎士比亚最为偏爱的五步抑扬格作为他创作的史诗的韵律，这也确保了他现今的声誉。

1669 年版的卷首插画展现了弥尔顿年轻时候的样子，尽管此时的他已年过六旬且已双目失明达十五年之久

弥尔顿的大部分生平与作品都可以用“等级”这个关键词来看待。在《失乐园》中，他安排了天堂在上、地狱在下、大地居间的相对位置。“高级”的男性与“次级”的女性之间的互动也是他的主题之一，尽管比起同时代的普遍态度，他对女性的歧视已经算是相当少的了。从他的基督教信仰来看，他是一位严格的非国教信徒，强烈反对在个人与上帝的交流中有任何来自主教甚至牧师的干预。

在政治理念上，他认可统治阶级的统治，因为他认为他们有更好的能力。然而，他也为斯图亚特王朝的查理一世和查理二世的昏庸无能感到沮丧，并在英国内战中支持共和事业。因此，他在奥利弗·克伦威尔治下命途亨通，然而，1658 年克伦威尔死后，保王党复辟，他也随即失去了宠爱。

在荷马和维吉尔的希腊与拉丁文史诗的熏陶下，弥尔顿自学生时代起就决心自己也要写出这样的作品。在搜寻一个合适的英国英雄主题的时候，他最先想到了传说中的亚瑟王。后来，他又开始构思一篇关于对他来说非常现代的英雄奥利弗·克伦威尔的叙事诗。

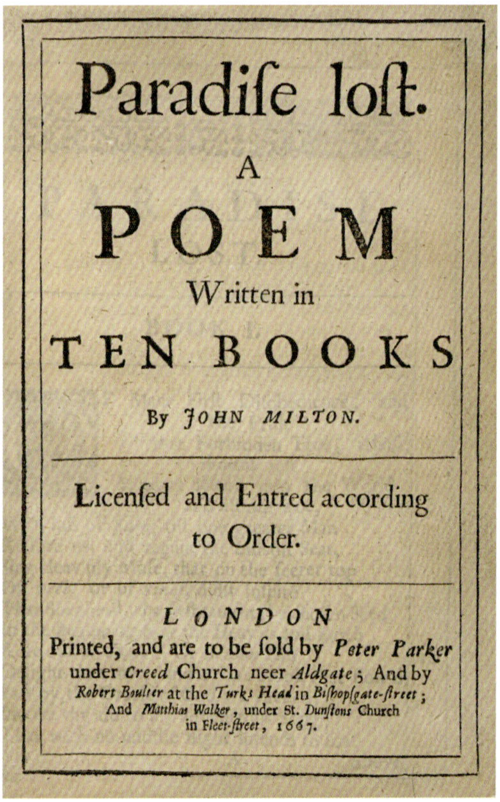

Paradiſe loſt.

A

POEM

Written in

TEN BOOKS

By *JOHN MILTON.*

Licenſed and Entred according to Order.

LONDON

Printed, and are to be ſold by *Peter Parker* under *Creed* Church neer *Aldgate*; And by *Robert Boulter* at the *Turks Head* in *Biſhopſgate-ſtreet*; And *Matthias Walker*, under St. *Dunſtons* Church in *Fleet-ſtreet*, 1667.

1667 年初版的扉页

最终，他抛开了传统意义的军事英雄而选择了亚当和夏娃。弥尔顿笔下非常家庭化的布景以及两个寻常人之间的关系，既人性且宽容，其灵感来自他自己的三段婚姻。他对天堂与地狱之战的描绘有着他虔诚的基督教信仰以及内战时期经历打下的深深烙印。在复辟时期被短暂监禁之后，弥尔顿认为真正的英雄主义应当是坚守自己的信仰以及在受到迫害时能够忍辱负重。《失乐园》包含了支配弥尔顿一生的经验与信念。

这部诗他写作了十年之久，到后来他已双目失明。《失乐园》中有一万行诗节是由弥尔顿口授给秘书完成的。这部长诗意在被人阅读而不是朗诵，不过弥尔顿卓绝的语言，却唤起了希腊罗马史诗中口头传统的修辞精神。

尽管弥尔顿在复辟时期失去了恩宠，《失乐园》在 1667 年出版之际，无论敌友都将其视为天才之作。它对包括威廉·布莱克和玛丽·雪莱在内的未来作家所产生的巨大影响，也确认了它当属英语文学史上最伟大的诗篇之一。

《佩皮斯日记》

（1660 年至 1669 年）

一位富裕的伦敦人在英国历史上一段跌宕起伏的时期中留下来的私人日记，详细记录了许多重大的公共事件与世俗活动。他敏锐的观察与优雅的文风造就了这部著名的文学与历史作品，同时确立了私人日记这一写作体裁。

塞缪尔·佩皮斯（1633—1703）属于英国特权阶级，曾于剑桥大学接受教育。他于 1660 年 1 月 1 日至 1669 年 5 月 31 日之间所作的日记，见证了查理二世加冕、大瘟疫与伦敦大火等重大历史事件，提及了他认识的一些名人，比如提到艾萨克·牛顿爵士曾给过他赌骰子的建议，包含了他个人的风流韵事、所染病疾、人文观察以及职业野心等详细内容，为复辟时期伦敦的日常生活提供了珍贵的一瞥。

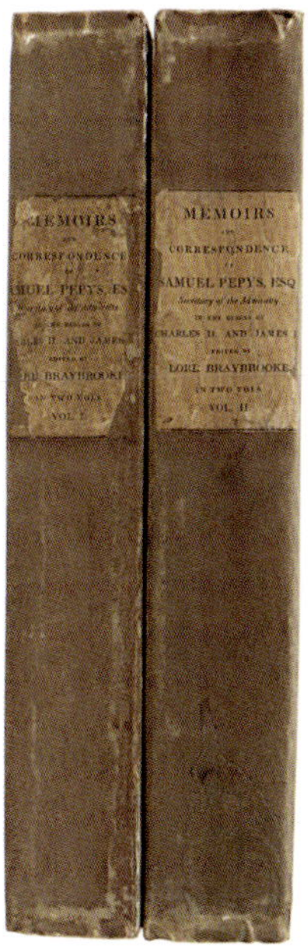

他的六卷手写日记最初于 1825 年被编辑为两卷出版

佩皮斯笔下的历史的独特之处在于，通过融入他对亲身经历的个人反思，生动、直接地表达对周遭世界的看法。例如，就伦敦大瘟疫（一场于 1665 年至 1666 年间肆虐伦敦的黑死病，仅十八个月里就夺走了大概十万人的生命，使城市人口几乎少了四分之一），他在 1665 年 10 月 16 日的日记中写道：

> 我走到伦敦塔。不过上帝啊，街道如此空荡，如此哀愁。街上有太多穷困的病人，满身溃烂，而我边走边听到了太多悲伤的故事。人人都在说这个人死了，那个人病了，这儿有许多，那儿也有不少。他们告诉我威斯敏斯特连一个医师都没有了，只剩下一个药剂师，其他的全死了——不过他们也告诉我，他们对这周疫情能迅速减缓抱有厚望：其实他们也就是期待上帝能传来喜讯了。

1666 年 9 月 2 日，他写到自己被仆人唤醒，后者刚刚目睹了在比林斯门烧起来的火演变成了伦敦大火。这场大火在古旧的市中心持续烧了四天。

十年间，佩皮斯记录了他日常生活中的种种细节。他写到过自己的财务和生意，详述了他在家中惯常做的事以及与仆人之间的问题，评论过他与妻子关系紧张以及对其他女人的追求。他详细描述了他在书籍、音乐、戏剧和科学上的品位。他对知识有着强烈的欲望，同时也对女人们无可奈何（他说自己在女人面前就会沦入一种“奇怪的奴隶地位”）。他写了他品尝过的事物和喝过的红酒。有时，他会坦白自己的嫉妒心和不安全感，分享他最为私密的想法。

一方面，佩皮斯通过使用速记符号编写条目保护了他的隐私，然而他也将一张张单页装订成了六卷本，作为他财产的一部分编目，并保存在了他的私人图书馆里。他还留下了破解记录的线索，但是第一个破译的人——约翰·史密斯牧师并没有发现，不过他还是在没有引导的情况下努力完成了誊写。佩皮斯的日记于 1825 年以《塞缪尔·佩皮斯先生的回忆录与通信》为名首度出版，被誉为史上最佳实录之一。现在人们可以在剑桥大学莫德林学院的佩皮斯图书馆看到原初的手稿和最初的誊写本。

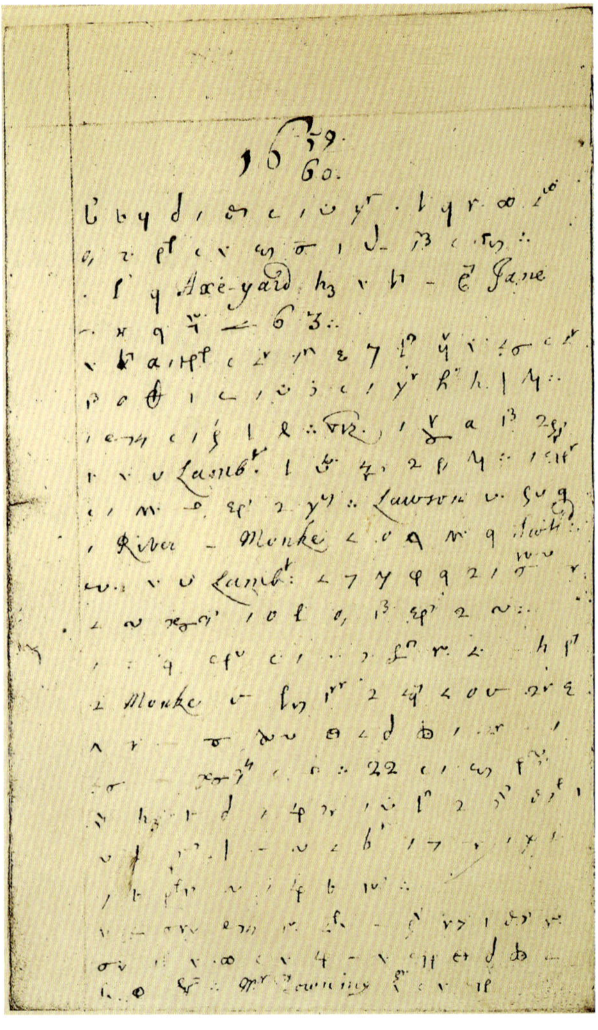

佩皮斯日记的首页，日期为 1659 年与 1660 年的新年之交。佩皮斯的日记全部以速记符号写成，一直写到 1669 年

《自然哲学的数学原理》

艾萨克·牛顿

（1687 年）

由一位剑桥数学家所写的、应用数学知识以理解自然与宇宙法则的洋洋三卷理论著作，或许是科学史上最伟大的作品。爱因斯坦称其为“人类历史上最伟大的一次知识进步”。

艾萨克·牛顿（1642—1727）声称，自从一枚苹果从树上掉落砸到他的头上，他就开始酝酿万有引力定律了。当他的竞争对手罗伯特·胡克后来声称牛顿有关万有引力的一些全新想法应该归功于他时，牛顿感到非常苦闷，以致威胁说他将不会再出版他的研究成果。他私下给胡克写信说：“如果说我能够看得更远，那只是因为我站在了巨人的肩膀上。”然而，牛顿并未原谅胡克分毫，基本上也放弃了科学研究。

对于人类知识发展而言万幸的是，牛顿的著作于 1687 年 7 月 5 日出版，最终被认定为应用数学领域中最为重要的著作之一。它为经典力学、现代物理和天文学奠定了基础，促进激发了许多科学和技术上的进步，成了科学革命和早期工业革命的先声。

《自然哲学的数学原理》分为三卷。第一卷开始于八个定义和三条公理，后者即为世人熟知的牛顿运动定律。

第一条定律声称，物体会继续保持静止或直线匀速运动，除非有外力加于其上。牛顿所称的惯性就是指物体趋于阻抗其运动状态变化的一种固有属性。

第二条定律表明，一个处于惯性参考系中的物体如果受到外力影响，其运动状态会发生改变。同时第二定律还说明物体动量的变化与施加于其上的合力成正比，并且两者的方向一致。换言之，质量更小的物体需要更小的力，其惯性也相对较小。

牛顿第三定律则是说，当一个物体对另一个物体施加力时，后者也会对前者施加方向相反、大小等同的力。也就是说，任何作用力都会遭到方向相反、大小等同的反作用力。

人又显渺小，相对勒皮他人他更加聪慧，相对慧骃人他又显得未经世事。斯威夫特这样写道：“没有比较，就分不出大小。”他的讽刺作品当然只是邀请读者在我们自己的国家和他虚构出来的有着各种问题的民族与体制间进行比较。

思想狭隘也是一个反复出现的主题。书中出现的国王或政府都无法接受他们自己以外的任何观点。也正因为此，利立浦特人才因为争论打蛋的正确方式而发起了战争。书中还有着大量有关人体生理功能的笑话。斯威夫特正是以此提醒我们：人类并非纯粹精神性的存在，我们都还有着自己低下、肉身的一面。

使用虚构的人物充当作者，并且所描写的国家都是虚构性的，这些都是斯威夫特用以避免可能会有的起诉的手段。他甚至找人把完整的手稿誊写了一遍，以防有人认出他的笔迹。1726 年，他的伦敦出版商本杰明·莫特甚至更怕担上批评英国政府的风险。他未经与斯威夫特商量，不仅擅自删除了某些不雅的段落，而且加进了一些他自己所写、颂扬安妮女王统治的字句。直到 1735 年，第二版才基本上恢复了原作的样貌，且收入了一封格列佛船长的信。在信上，他责怪莫特未经作者许可就篡改了他的游记。

《格列佛游记》直接影响了包括伏尔泰、陀思妥耶夫斯基在内的许多作家。其对语言的创造性运用给我们留下了许多今天还脍炙人口的词汇。《牛津英语词典》将“利立浦特人”释义为“身材矮小的人或物”，而“耶胡”的定义则是“粗野无礼的人”。

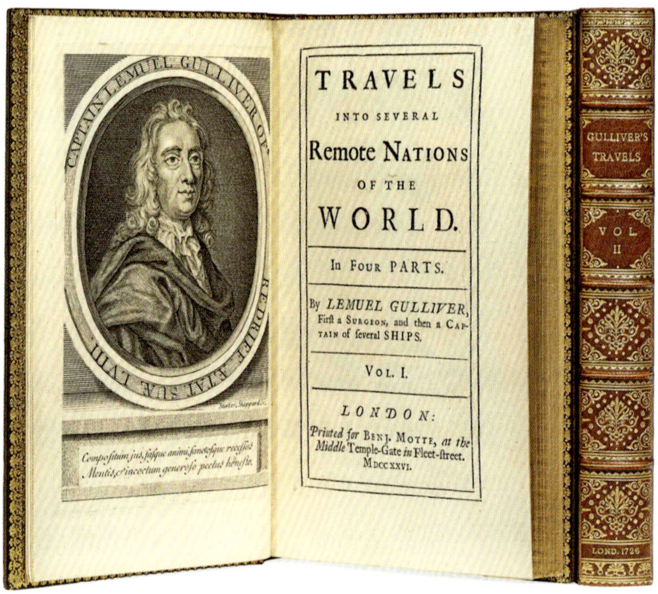

《格列佛游记》的初版，于 1726 年分两卷出版，立即引起了轰动。同年，诗人约翰·盖伊写信给斯威夫特说：“全世界都在阅读您的大作，从内阁会议到托儿所。”

《植物种志》

卡尔·林奈

（1753年）

一位瑞典植物学家对自然的挚爱，加之其敏锐的洞察力与不懈的研究，最终造就了《植物种志》这部名作。这部书提供了一种简化的双名命名制，以“种”名和“属”名确认了已知的全部植物。现今他的命名法仍在被人使用，林奈也被公认为分类法与生态学之父。

卡尔·林奈（1707—1778）出生在瑞典南方的一个小镇，早慧的他从小就开始记忆他在家乡土地上找到的每种植物冗长的拉丁文名称。这其实是件了不起的事，例如，普通的野玫瑰在不同的植物学家那里会被命名为“Rosa sylvestris inodora seu canina”或“Rosa sylvestris alba cum rubore, folio glabro”。

他的父母希望他成为神职人员。然而虔诚的林奈却将自己献给了植物，他对植物不同类型的博学知识令其他博物学家印象深刻，终于获得了一份奖学金，得以在著名的乌普萨拉大学攻读医学。他在此期间专注于收集与研究医用植物。他在尼德兰的哈尔德韦克大学完成学业后，继续在莱顿大学进行他的植物研究。他在莱顿发表了一部名为《自然系统》的著作，开始了他开创性的生物分类工作，他认为这项工作会有助于揭示宇宙间上帝造物的神圣秩序。这本书完整地描述了他是如何为七千多种植物与四千多种动物进行分类的。

基于多年的搜集、细心研究以及与许多欧洲顶尖植物学家的密切交流，他的著作《植物种志》于1753年由劳伦修斯·萨维乌斯出版社在斯德哥尔摩分两卷出版。

这部著作描述了当时已知的5940种植物。他将这些植物划分进了大约1000个属中，又将属归入了24个纲中。它以双名——包含了一个单字的属名以及一个单字的种加词或曰“俗名”——替代了既有的冗赘命名。除了提供命名外，林奈还简要、细致地描述了每个种以及它们为人所知的其他名称。

林奈的植物分类法是以植物的生殖器官为基础的：植物的纲是由其雄蕊决定的，而其排列顺序则是由雌蕊决定的。他对植物性状的关注以及与人类性状的比照在一些领域内引起了争论，一位名为约翰·西格斯贝克（Johann Siegesbeck）的植物学家抨击林奈的系统是“令人作呕的卖淫行为”。不过林奈通过将一种矮小、不起眼的欧洲野草命名为“Siegesbeckia”，完成了他的报复。

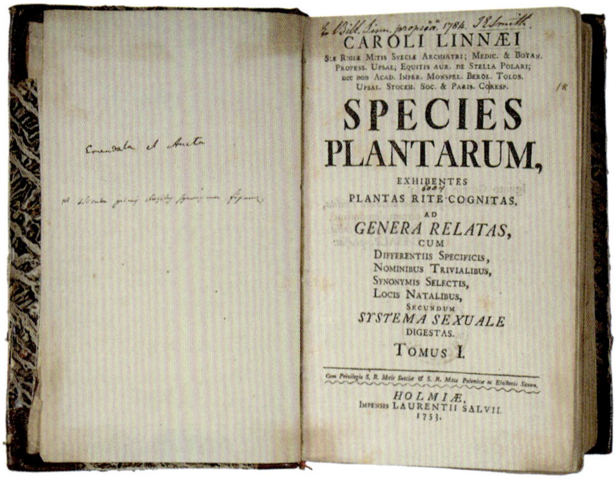
CAROLI LINNÆI

SPECIES PLANTARUM,

EXHIBENTES PLANTAS RITE COGNITAS, AD GENERA RELATAS, CUM DIFFERENTIIS SPECIFICIS, NOMINIBUS TRIVIALIBUS, SYNONYMIS SELECTIS, LOCIS NATALIBUS, SECUNDUM SYSTEMA SEXUALE DIGESTAS.

TOMUS I.

HOLMIÆ, IMPENSIS LAURENTII SALVII. 1753.

《植物种志》于1753年在瑞典斯德哥尔摩出版，是首部始终以双名法为植物命名的著作

CAROLUS LINNÆUS

CAROLI LINNÆI

SPECIES PLANTARUM,

EXHIBENTES PLANTAS RITE COGNITAS, AD GENERA RELATAS, CUM DIFFERENTIIS SPECIFICIS, NOMINIBUS TRIVIALIBUS, SYNONYMIS SELECTIS, LOCIS NATALIBUS, SECUNDUM SYSTEMA SEXUALE DIGESTAS.

TOMUS I.

Editio Secunda, aucta.

HOLMIÆ, IMPENSIS DIRECT. LAURENTII SALVII 1762.

第二版出版于1762年，包含了一幅林奈的版画

林奈对发现和研究新的植物物种的渴望，激发了他的许多学生踏上遥远的环球探险之旅搜集标本。其中，丹尼尔·索兰德就是作为博物学家参与了詹姆斯·库克船长的第一次环球旅行。另有佩尔·考姆，他曾在东北美洲殖民地采集物种样本。查尔斯·达尔文也受到过林奈的影响。

一些林奈最初搜集的植物标本仍然被保存在林奈博物馆、瑞典国家自然史博物馆以及林奈植物园中。他的遗产也被伦敦林奈学会以及其他植物学研究机构保存了下来。

1761年，林奈被授予贵族头衔，更名为“卡尔·冯·林奈”。

《约翰逊词典》

（1755 年）

在18世纪的伦敦，有个怪才在弗利特街的一间阁楼上历时八年，编纂出一部令人震惊、极具文学价值的词典。这部词典充分表现出了英语的丰富性与复杂性，而这位编纂者质朴、诙谐的言语在此后的若干年间，将会愉悦一部分读者，也会惹恼另一部分读者。

塞缪尔·约翰逊（1709—1784）从外貌上通常会给人留下不同寻常的第一印象。一位仔细观察过他的人写道："他经常会把头抬向一边……前后挪移身子，用掌心同方向抚摸左膝……（并且）发出各种声响"，就好像"在吹口哨"，或者"如母鸡咯咯叫一般"，发出这些怪声时"他有时会显露出一副思索的神情，然而更寻常的是，仅仅伴以微笑。一般说来，在结束一段谈话后，他总是因高谈阔论而精疲力竭，因此常常像鲸鱼一样，长长地舒一口气"。

然而，为他的古怪举止所掩盖的是，他是一个极度热爱语言文字的天才。亚当·斯密曾言道："约翰逊比任何活着的人读过的书都多。"

这位博览群书的读者生活拮据，无法完成其在牛津的学业。他靠写诗、讽刺文章与评论拼命养活自己，直到他想到要编纂"一部词典，借此可以固定我们语言的发音，促进其成熟，保持其纯洁，确立其用法，以及延长它的持久性"。

在得到了一些伦敦书商的支持后，他与六个助手开始辛勤研究并撰写一部权威性的汇编。《英语大词典》（其更为人知晓的名字为《约翰逊词典》）于1755年出版。两卷本的词典翻开后有近18英寸高，20英寸宽，约重20磅，有2300页厚。

这部设计精美的词典包含了超过42000个词条，连同来自各个学科的简洁定义、细致的词义区分、词源以及引自文学作品的例句。然而，使这部书真正脱颖而出的，还要数其极高的文学价值与蕴藉其中的古怪而压抑不住的智慧。

铁锈被定义成"老旧金属上的红色脱屑"；咳嗽是"由刺激性的浆液所引起的

肺部震颤”；咆哮被解释为“未有思想之体面的高声调言语”；网络则是“呈网格状或等距交叉的东西，其交叉处之间有空隙”。他是一个坚定、率直的保守派，在注释中混入了一些具有争议的政治讽刺，例如他为燕麦下的定义：“燕麦，简单地定义为一种通常给马吃的谷物，但在苏格兰，也给人吃。”

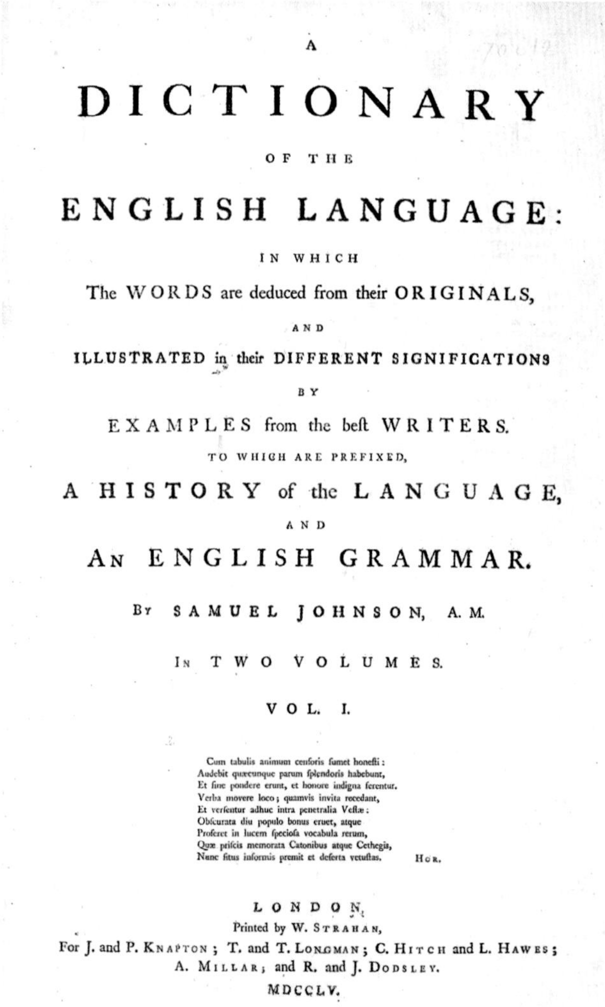

A

DICTIONARY

OF THE

ENGLISH LANGUAGE:

IN WHICH

The WORDS are deduced from their ORIGINALS,

AND

ILLUSTRATED in their DIFFERENT SIGNIFICATIONS

BY

EXAMPLES from the beſt WRITERS.

TO WHICH ARE PREFIXED,

A HISTORY of the LANGUAGE,

AND

AN ENGLISH GRAMMAR.

BY SAMUEL JOHNSON, A.M.

IN TWO VOLUMES.

VOL. I.

Cum tabulis animum cenſoris ſumet honeſti:
Audebit quæcunque parum ſplendoris habebunt,
Et ſine pondere erunt, et honore indigna ferentur.
Verba movere loco; quamvis invita recedant,
Et verſentur adhuc intra penetralia Veſtæ:
Obſcurata diu populo bonus eruet, atque
Proferet in lucem ſpecioſa vocabula rerum,
Quæ priſcis memorata Catonibus atque Cethegis,
Nunc ſitus informis premit et deſerta vetuſtas. HOR.

LONDON,
Printed by W. STRAHAN,
For J. and P. KNAPTON; T. and T. LONGMAN; C. HITCH and L. HAWES;
A. MILLAR; and R. and J. DODSLEY.
MDCCLV.

《约翰逊词典》的最初版编纂耗费了八年。六位助手帮助释义了4万个单词，并且添加了11.4万条例句。1796年出版了一部缩略版，扉页上称其为《约翰逊词典》。他的友人兼传记作家詹姆斯·鲍斯威尔写道：“《词典》从其编纂伊始就被认为是约翰逊的，至其完工之时，它变成了《约翰逊词典》——变成了他的书、他的财产以及他的丰碑。”

这本书的最初售价为4英镑10先令（约相当于今天的350英镑），不过之后的缩编本价格更为亲民，也使之成了中产阶级家庭中的寻常之物。现在，一部初版的《约翰逊词典》售价高达20万英镑。在1928年《牛津英语大词典》完工以前，它一直被视为最受文艺界人士喜爱的权威著作。

约翰逊被公认为“英格兰最杰出的文人”，并且成了最伟大的传记文学之一、由詹姆斯·鲍斯威尔所作的《塞缪尔·约翰逊的生平》一书的主人公。

《奥特兰托城堡》

霍勒斯·沃波尔

（1764 年）

作为首部哥特小说，沃波尔的经典之作开启了一种将会开启布拉姆·斯托克、埃德加·爱伦·坡等人文学生涯的文学风格。

霍勒斯·沃波尔（1717—1797）是英国议员，亦是英国首位以及在任时间最久的首相罗伯特·沃波尔爵士的儿子。他于1739 年进行了壮游，这在当时是对富家子弟教育极为重要的跨欧文化之旅。

他所看到的中世纪法国建筑，使他对哥特风格产生了特别的偏爱，因此，他在文字和石头建筑上均追求这种风格。1749 年，他在特威克纳姆为自己建造的宅邸“草莓山”，就是模仿了中世纪的建筑设计，并且在建筑领域中掀起了一股哥特风格的复兴浪潮，这股浪潮在近一个世纪后的维多利亚英国达到了巅峰。

一幅描绘《奥特兰托城堡》场景的早期插画（时间不详），由苏珊娜·邓库姆（1725—1812）所作

他为自己的首部小说《奥特兰托城堡》设置的背景亦可明显看出他对哥特风格的痴爱。就内容来说，他从古老的日耳曼与英国民俗故事中汲取灵感，包括超自然元素与共通的修辞，如隐藏的身份、合法继承人、悲情的罗曼史、英雄、恶棍以及少女等。沃波尔抵制当时盛行一时的现实主义文学风尚，极力与之保持距离。他刻意用古风写作，并且运用了一系列的框架技巧将故事牢牢地安放在了过去。他声称这本书应归功于一位虚构出的作家威廉·马绍尔，是他将一部 16 世纪由欧努夫里奥·穆拉尔托所

作的意大利文书稿翻译成了英文。

《奥特兰托城堡》以城堡主人曼弗雷德之子的离奇死亡开篇，他被一顶超自然的巨盔砸中身亡。之后，曼弗雷德为了重获子嗣做出了许多邪恶的事情。最终，奥特兰托城堡的合法主人的身份得以确认。沃波尔让他的城堡充满了现今已为人熟知的哥特元素——闹鬼的声音与幽灵、地板门、秘密通道以及自己打开的门等。他像莎士比亚那样，添加了一些滑稽的次要角色作为调剂，以便擢升戏剧化效果。整本书成功地令人在阅读时就会感到毛骨悚然，并且成了一种新的文学式样的模板。沃波尔的诗人朋友托马斯·格雷告诉他，《奥特兰托城堡》“让我们有些人小哭一下，以及所有人都吓得晚上不敢上床”。

在出版于1765年的第二版中，沃波尔首次使用了“哥特故事”这个术语，同时撰写了一篇新的序言，坦承自己才是本书真正的作者。虽然这一揭秘起初令读者感到失望，小说的影响与遗产却是毋庸置疑的。如若没有它，就不会有《诺桑觉寺》《德拉库拉》《厄舍古屋的倒塌》以及《巴斯克维尔猎犬》，就不会有蒂姆·波顿、《暮光之城》系列、《巨蟒剧团》与《权力的游戏》，或许亦不会有瓦格纳和“苏克西与女妖”乐队。凭借《奥特兰托城堡》，霍勒斯·沃波尔创造了我们今天所知的哥特文化。

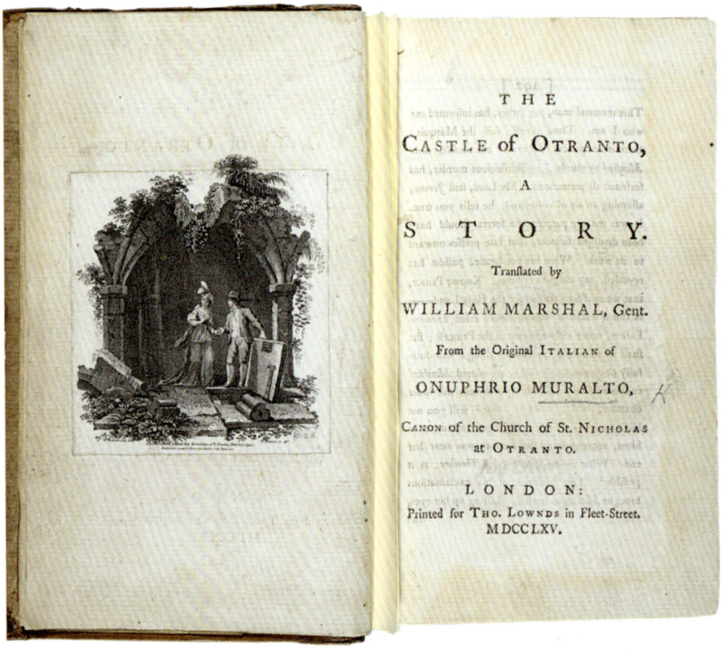

初版（出版于1764年12月24日，却把日期标注为1765年）称其翻译自一部1529年的意大利作品，并称这部作品近期才被人于“英格兰北部一个古老的天主教家庭”的图书馆中发现。在第二版（出版于1765年4月11日）中，沃波尔承认了他才是此书的作者

《罗马帝国衰亡史》

爱德华·吉本

（1776年至1788年）

《罗马帝国衰亡史》对古罗马帝国经济、文化和政治上的倾颓做了开创性的描述，被视为首部现代历史学著作。它耗费了吉本后半生的精力，对当今历史学家的学术方法与书写风格仍然有着持续性影响。

在18世纪，英国富家子弟所受教育中的一个重要部分便是壮游——他们会在一次横跨欧洲的旅行中，接触到大陆最为出色的艺术、音乐和建筑。虽然在那个年代，旅行依然困难重重，并且时有危险发生，但壮游会沿用一条相对安全的固定路线，学子们将取道法国和瑞士，最终抵达因古罗马帝国之故而被认作为西方文明摇篮的意大利。尔后，他们会经奥地利、德国和荷兰返回英格兰。人们相信，旅行可以拓宽视野。

二十六岁的爱德华·吉本，怀着对历史的浓厚兴趣，于1763年踏上了他的壮游。翌年年末，他到达了罗马，深深地为这座城市所折服。吉本深谙拉丁文学，当他置身于帝国的废墟间，罗马帝国的往事立刻在他心头涌现。他当即决定，日后要为这座曾经盛极一时的城市的衰落著书立传。

第一卷出版于1776年，立刻取得了成功，并再版了三次。当时正值一个自诩为当代罗马的英国在全球建立贸易和军事帝国的时代，它在古典学者、扶手椅上的“旅行家”和壮游的学子中间非常畅销。吉本将罗马的衰亡归咎于蛮族和基督教的影响，他对后者的批评在这个笃信教会、正在开疆扩土的国家中引发了争议。

吉本的人气源自其通俗易懂的叙事风格。他采用了罗马人的观点，除了偶尔为之的专断的旁注，评论相对较少。最为重要的是，吉本并不满足于重走此前历史研究的老路，而是仔细地从古代的拉丁文本中征用材料。也正是他对一手史料的运用，使《罗马帝国衰亡史》赢得了现代意义上第一本真正的历史研究著作的名誉。这部以罗马城的历史为开端的书，最终成了对整个罗马帝国的雄心勃勃的记述，而在帝国鼎盛之时，其疆土扩张到了苏格兰南部和波斯湾。吉本作品的宏大篇幅与其广阔的研究视野正相匹配，它横跨了十五个世纪的历史，包含了许多与罗马帝国有所往来的文明的情况。这本著作的创作历时十二年，延伸为六卷七十一章。它为吉本在有生之年带来了极为可观的声誉和财富。

很多年过去了，历史研究的视角发生了改变，吉本著作中的一些细节也未能经受住时间和后来的新发现的考验。然而，在距它首次出版的近二百五十年后，它依然是对此类主题最为周密的记述之一，精确性和清晰度使其成了所有现代历史学家效仿的模板。《英语民族史》的作者温斯顿·丘吉尔，就模仿了爱德华·吉本的文字风格。

吉本不朽的罗马帝国史著作于1776年至1788年间分六卷陆续出版。客观中立的态度与对一手史料的运用，使它成了后世历史学家效仿的楷模

《国富论》

亚当·斯密

（1776年）

一位苏格兰道德哲学家对英国过时的重商主义贸易模式的批判，发表于《美国独立宣言》问世前不久，详尽地阐述了基于劳动分工与天赋自由原则的新政治经济学原理。这套体系也即日后为人熟稔的资本主义。它直接催生了北美殖民地的革命精神。

亚当·斯密（1723—1790）曾在英格兰和苏格兰的一些顶尖大学教授英语文学、经济学和逻辑学，并发表了一部有关启蒙运动的名作《道德情操论》。这本著作探讨了支配伦理学的“共情”的自然原理。

斯密在将会成为其代表作的第二本书上耗费了十七年的心血。历经十年笔耕，《国富论》首次问世于1776年3月9日。此时正值社会剧烈变革之际，其出版时机与所传达的信息均具有革命性的意义。

自封建主义式微的三个世纪以来，重商主义一直是在英国居于统治地位的经济学理论。它要求政府对贸易实施严格的管控，以损害敌国与殖民地利益的方式扩张自身的实力。然而，斯密却在新时期提出了新的发展模式和精神，以替代陈腐的旧体系。

抛却附录和目录部分，他的这部大部头著作有947页的篇幅，最初划分为五大卷。斯密主张通过提供更多劳动机会，并因而制造出更多获取财富的机会，自由贸易会大大增加国民的财富。以他的理论，只要干得更多，就能挣得更多。所得的报酬可以供给个人和团

体以生活必需品，在此之外，还有机会使个人和团体获得额外的收入。

他所传达的核心的经济学启示在于，如果人们可以改善自身的经济状况，这将为整个集体带来经济繁荣。“能改善大部分状况的事绝不会对总体造成不便，”他写道，“必然没有一个社会能够在其大部分成员都处于贫穷和凄楚的情况下还繁荣幸福的。”因而，他极力捍卫“天赋自由”的信条，并由此认为，市场应该自由运转，而不应受国家的过多干预。

在他看来，主权国家仅有三项职责：保护社会免遭暴力和入侵；“（通过）建立一套精确的司法管理”，以尽可能地保护“社会中的每一成员免遭来自其他成员的不公和压迫”；建立和维护某些必需的、处于个人和小团体利益之上的公共工程和机构。

几乎没有任何其他的经济学著作能在影响力上与《国富论》相媲美。他对劳动分工、自由贸易、天赋自由、政府干预的限度以及市场的普遍结构的分析，宣告了朝向现代经济学的转型，并且为北美殖民地、法国以及其他地方的革命提供了火种。

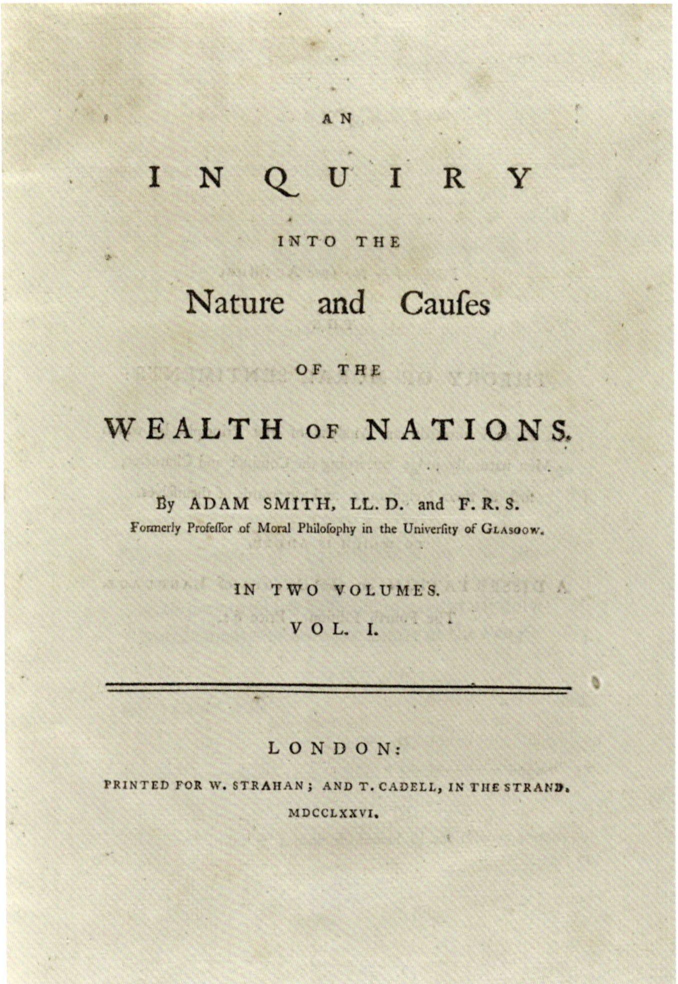
AN

INQUIRY

INTO THE

Nature and Cauſes

OF THE

WEALTH OF NATIONS.

By ADAM SMITH, LL.D. and F.R.S.

Formerly Profeſſor of Moral Philoſophy in the Univerſity of GLASGOW.

IN TWO VOLUMES.

VOL. I.

LONDON:

PRINTED FOR W. STRAHAN; AND T. CADELL, IN THE STRAND.

MDCCLXXVI.

亚当·斯密的皇皇巨著于1776年分两卷出版。这部政治经济学的重要论著倡导了自由贸易原则，为现代资本主义的发展铺平了道路

《人的权利》

托马斯·潘恩

（1791 年）

与其他美国革命的建国之父不同，托马斯·潘恩自始至终支持美国与其他地方的激进事业，为国家独立、人权和政治革命撰写了一系列经典文章。他叛逆的思想让他付出了沉重代价，却改变了整个世界。

托马斯·潘恩（1737—1809）自英格兰乔迁至费城后，便因其脍炙人口的论战小册子《常识》（1776 年）与《美利坚的危机》（1776—1783）迅速声名远播。这些小册子都助长了反抗英国国王的革命气焰。

然而，当法国人于 1789 年突袭巴士底狱，动乱发展成了另一场革命，此前拥护北美革命的保守的英国政治家埃德蒙·柏克发表了著名文章《反思法国大革命》，批评了农民的叛乱并且阐明了他的保守哲学的一些基本原则。

艾萨克·克鲁克香克绘于 1792 年的漫画，将托马斯·潘恩描绘成了一位受雇的激进革命分子。其标题《谁需要我》来源于当时一首激进的苏格兰歌曲

潘恩立刻抛出了他的驳斥《人的权利：对柏克攻击法国革命的应答》，并将它寄呈给了乔治·华盛顿总统。潘恩的这部激情洋溢的论著出版于 1791 年 3 月 16 日，其问世造成了国际性的轰动，仅仅三周内就卖出了 100 万册。

《人的权利》包含三十一篇文章，总计九万字。潘恩使用其标志性的“雅俗兼备的散文”写作，捍卫了巴黎的叛乱，并且雄辩地、详尽地阐发了他自己的政治哲学，以回应柏克的声明。他的核心论点之一是，他主张政府只因大多数人所同意的社会契约而存在，其存在的意义在于保护个人的权益，如果政府妨害了个人的天赋权利，那么革命也是可以被允许的。

潘恩驳斥了柏克将法国民众贬斥为“一群猪猡”的态度。他回应道：“我作为人所有的权利也是另一个人所有的权利。占有并维系这份权利也是我的职责所在。”他将法国大革命视为新的历史起点，从此往后，普遍的和天赋的权利将不会再被等级特权、以可疑的历史为前提的站不住脚的言论、虚假的宪政、生造的传统以及公众迷信所否认。

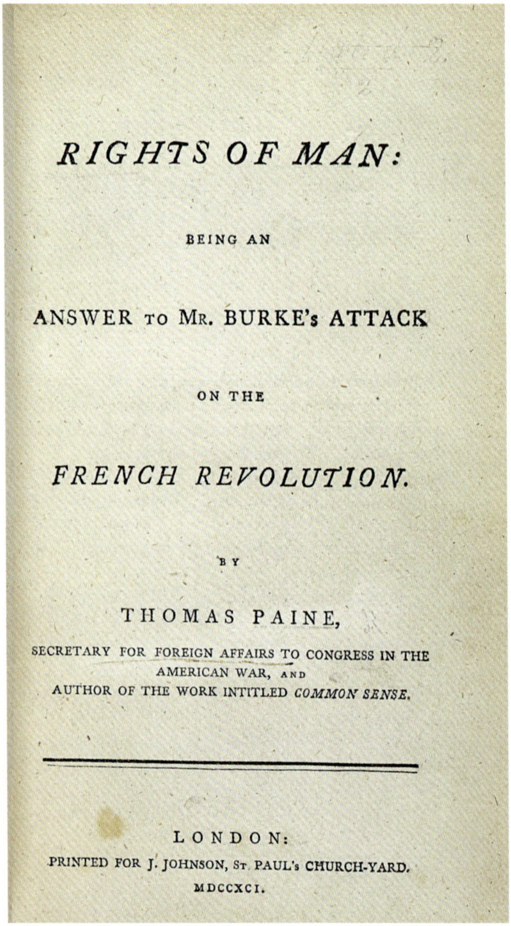
RIGHTS OF MAN:

BEING AN

ANSWER TO MR. BURKE's ATTACK

ON THE

FRENCH REVOLUTION.

BY

THOMAS PAINE,

SECRETARY FOR FOREIGN AFFAIRS TO CONGRESS IN THE AMERICAN WAR, AND AUTHOR OF THE WORK INTITLED *COMMON SENSE.*

LONDON:

PRINTED FOR J. JOHNSON, ST. PAUL's CHURCH-YARD.

MDCCXCI.

《人的权利》的初版本拟由约瑟夫·约翰逊于 1791 年 2 月 21 日出版，但出版商惧怕会因煽动暴乱而被起诉，终止了其流通。最终 J. S. 乔丹于 1791 年 3 月 16 日出版了这本著作

他建议英国政府进行改革，包括国家议会应该制定一份成文宪法，废除贵族世袭爵位与长子继承制，取消国家预算中的军事和战争支出方面的例行拨款。他赞成累进所得税制，向富人征收更多的所得税，而对穷人降低税率并提供教育补助。他还提出了关于社会福利、养老金、婚姻补贴以及产妇津贴等问题的一套方案。

他反对奴隶制和死刑，呼吁抛弃民族主义建立世界大同。同时，他自认为是无神论者。

潘恩为倡导天赋权利付出了代价。这本书的出版在英格兰引发了轩然大波。他逃到法国后，被以诽谤政府罪缺席判为死刑，后来再也没有返回过这个国家，从而逃脱了绞刑。他还在恐怖时期的法国经受过牢狱之灾，并且险些被送上断头台，只不过他同样逃脱了对他的惩处。

他的著作撼动了世界，为世界各地的人们树立了天赋权利的观念。

《女权辩护》

玛丽·沃斯通克拉夫特

（1792 年）

玛丽·沃斯通克拉夫特的这份女性主义宣言，无论对男女而言，都是一个突破性的挑战，至今仍然是关注平权问题的学生的核心读物。

玛丽·沃斯通克拉夫特（1759—1797）亲睹了那些恣虐、跋扈、不忠的丈夫对他们的妻儿所造成的影响。她从亲身观察中发展出了对妇女社会地位的批判，并且认为这种不平等也应该部分归咎于女人接受了这样的安排。根据当时流行的观念，女人只不过是漂亮的物件，并不具备真正的智识，所接受的教育也只是那些能用来装点男人家门面的技艺，比如弹钢琴和缝纫。

沃斯通克拉夫特的宗教信仰令她无法接受这样的区分。她论道，如果男人和女人在上帝眼中是平等的，那么他们在精神品质上也应该具有同样的能力。既然如此，他们也应该被赋予相等的机会。她确信对女人进行良好的教育能够解决问题。她写出了第一本著作《女教论》（1787 年），在这本给年轻小姐用的、原本简明易懂的入门读物中，介绍了她的一些想法。五年后，这些想法在《女权辩护》中得到了更为完整的发展和表达。

约翰·奥佩为玛丽·沃斯通克拉夫特所绘的肖像画，大概是 1791 年。画中展现了她暂时放下手头研究的场景。在那个年代，这是一幅不同寻常的肖像画，因为当时只有富有的男性才会被画成知识分子的样子

在她 1790 年发表的小册子《人权辩护》中，沃斯通克拉夫特推动了对法国大革命价值的论争。她强调，传统（例如国王的统治权）并非一成不变，而是应该能够接受公正、合理言辞的质疑。在《女权辩护》中，她进一步扩

展了这个主题。

玛丽认为，女人接受教育对各方都大有裨益：它有益于儿童，因为教育他们正是女人的职责；它有益于家庭，因为这能够使丈夫与妻子相互平等，因而能使夫妻关系变得更加牢靠；它对国家也有好处，因为这可以使女人为社会和政治议题作出才智上的贡献。在家庭内部平等这一问题上，她抨击了那些滥交、不忠的丈夫，坚称他们也应该为贞洁和婚姻忠诚负起责任。她号召把持着权力的男人们，采取措施来解放他们的妻子，同时批评女人把时间浪费在虚荣和传闲话这种肤浅的消遣上。

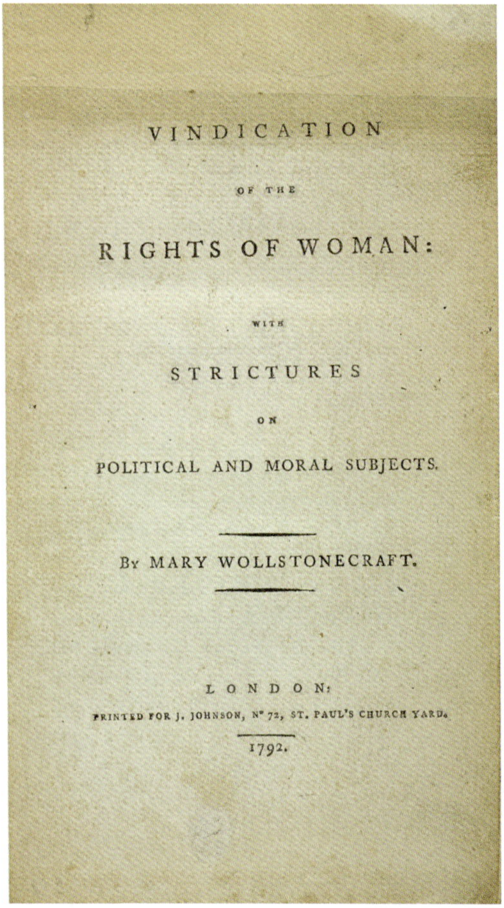
VINDICATION

OF THE

RIGHTS OF WOMAN:

WITH

STRICTURES

ON

POLITICAL AND MORAL SUBJECTS.

BY MARY WOLLSTONECRAFT.

LONDON:

PRINTED FOR J. JOHNSON, N° 72, ST. PAUL'S CHURCH YARD.

1792.

沃斯通克拉夫特开创性的著作，倡导男孩与女孩都应该享有同等的教育，并且主张女人应该由她们的职业定性，而不是她们的丈夫。这本书也奠定了她现代女性主义之母的地位

这是一份激进的出版物，却大获成功，因而很快便出了第二版。绝大多数评论家都只赞赏那些其影响已经开始在社会中生根发芽的想法，而忽视了那些更为极端的建议，譬如她对议会和男女同校等问题的陈述。

在她去世后，她的丈夫写了一部她的传记《女权辩护作者传》，披露了她所度过的不拘一格的人生：她的私生女、非婚同居以及她与艺术家和激进思想家的交往。他没有料到，这样做损毁了她的名誉。一个世纪以来，玛丽·沃斯通克拉夫特的声名都是因为生活作风而非她的原始女性主义。然而，进入 20 世纪，她获得了新的评价，被世界各地的人们誉为妇女解放运动的先驱。

《格林童话》
（1812年）

两百年前，两位年轻的德国兄弟出版了一部民间童话故事集。尽管这部童话集充满了阴暗、露骨以及残忍、暴力的主题，但它仍然成了儿童文学的标杆，并且是西方文化中最具影响力与争议性的文学作品之一。

雅各布·格林（1785—1863）与威廉·格林（1786—1859）生于邻近法兰克福的哈瑙的一个相对富裕的中产阶级家庭，然而1796年父亲的过世，使这个家庭于拿破仑战争的动荡年代间陷入了困窘。在母亲于1808年离世后，兄弟俩就完全肩负起了照料三个年幼的弟弟妹妹的责任。不过他们利用他们在孩提时就培养起来的兴趣，最终找到了供养自己以及家人的途径。

两兄弟在年幼时就开始从朋友那里收集德国传统民间故事，而他们对于这些故事的意义与起源的浓厚兴趣，又使他们进而开始探索当时方兴未艾、滋生在德国浪漫主义肥沃土壤上的语文学领域（一门借助语言学研究文学和文化史的学科）。

1812年，他们出版了一部收入了八十六篇德国古老故事的故事集，书名为《儿童与家庭童话集》，即后来为人所知的《格林童话》。

在其后的四十年里，两兄弟又出版了六个后续版本，每一版都附有大量的插图，先后由菲利普·格罗特·约翰和罗伯特·莱因韦贝尔所绘。这些故事带给了我们大量不朽的角色，包括长发公主、白雪公主与七个小矮人、灰姑娘、小红帽、青蛙王子、汉泽尔与格雷泰尔、下金蛋的鹅以及侏儒怪等。它们多半包含了残忍、暴力、恐惧、丧失以及死亡等元素，反映了童话中所展露的赤裸、残酷的现实。

《格林童话》的几个不同版本都被广泛翻译成了多种语言。此外，自《白雪公主与七个小矮人》（1937年）以来，这些故事就成了迪士尼动画电影的基本素材。然而，这部童话集也一直饱受争议。W. H. 奥登曾热烈赞颂《格林童话》，称其为“使西方文明得以确立的几本不可或缺的大众读物之一……说其重要性仅次于《圣经》也不为过”。不过，《格林童话》也曾被阿道夫·希特勒推崇并用来作为其种族理论的例证，这使《格林童话》在一些地方成为禁书。

《格林童话》所传达的信息和意义，

后来成了奥地利心理学家亦是大屠杀幸存者的布鲁诺·贝特尔海姆所著《魅力的运用：童话的意义与重要性》（1976 年）一书的研究主题。贝特尔海姆主张，童话有助于儿童处理诸如分离焦虑、俄狄浦斯冲突以及手足相争等存在问题，并且在儿童的心理发展过程中有着更多建设性用途。然而，他的解释也同样引发了不少争论。

菲利普·普尔曼于 2012 年重写了《格林童话》中的一些故事，他说道："文学、民俗学、文化与政治史的学者，弗洛伊德派的理论家，荣格的支持者，基督徒，马克思主义者，后结构主义者，女性主义者，后现代主义者以及其他倾向的人，都能在这些童话中找到丰富的研究材料。"无论人们如何解释这些童话，《格林童话》都定义了童话这个文类，并且永远改变了儿童文学的样貌。

1819 年版的卷首插画《哥哥与妹妹》，描绘了一位天使守护着一对熟睡的兄妹（哥哥变形成了一只鹿）

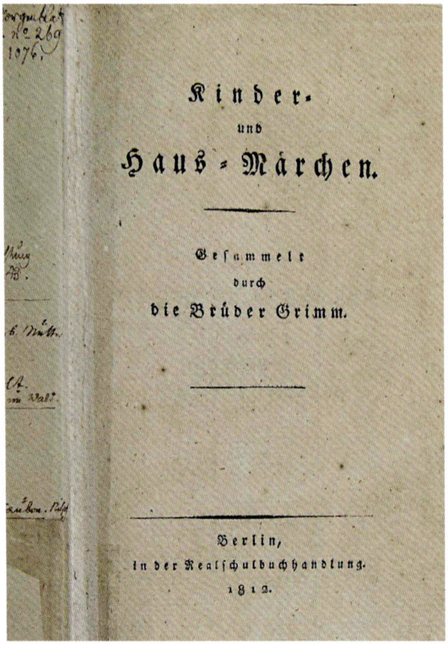
Kinder-
und
Haus-Märchen.

Gesammelt
durch
die Brüder Grimm.

Berlin,
in der Realschulbuchhandlung.
1812.

《儿童与家庭童话集》1812 年初版的扉页

雅各布·格林与威廉·格林肖像，由他们的弟弟路德维希·埃米尔·格林所绘

《傲慢与偏见》

简·奥斯丁

（1813年）

简·奥斯丁的罗曼风尚喜剧嘲讽了18世纪末英国社会生活中的一些荒谬之处，然而她所描绘的人性弱点却是亘古不变的。

《傲慢与偏见》的知名度之高，就连那些从未读过它的人也认得其开篇的名句："凡是有财产的单身汉，必定需要娶一位太太，这已经成了一条举世公理。"这句引子以戏谑的反讽，交代了书中所涉及的阶级、财产、性别以及婚姻等主题。一个18世纪的男人在婚姻之外还有许多提升自己人生的方法，比如通过经商或者服兵役，而一个18世纪的女人只能指望美好的婚姻为自己带来钱财。

简·奥斯丁（1775—1817）是一位教区牧师的女儿，其人生的头二十五年都是与父亲共度的。她最早以《最初的印象》为标题写出《傲慢与偏见》的草稿时，只有二十一岁。父亲将这份稿件交给了出版商却遭到了拒绝，她于是将其置于一旁。当她重拾这部文稿的时候，她已经是一位三十五岁的成熟女性，并且已出版《理智与情感》一书。《傲慢与偏见》经过返工与更换标题，同之前出版的《理智与情感》一样，受到了广泛的好评。首版750册迅速售罄，并且至今已经累计售出了大概2000万册。

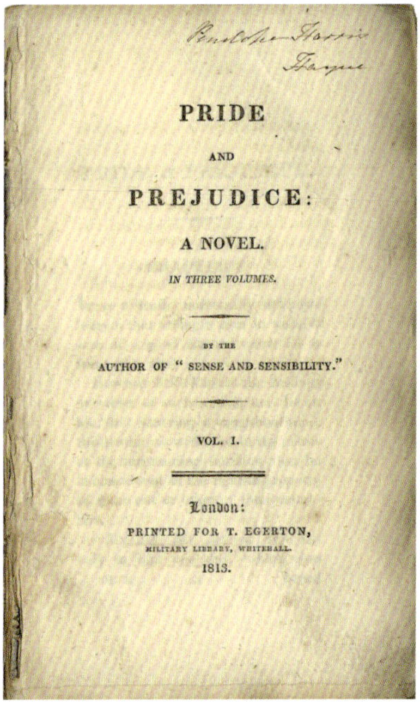

PRIDE

AND

PREJUDICE:

A NOVEL.

IN THREE VOLUMES.

BY THE

AUTHOR OF "SENSE AND SENSIBILITY."

VOL. I.

London:

PRINTED FOR T. EGERTON,

MILITARY LIBRARY, WHITEHALL.

1813.

1813年版的扉页

小说记录了中产阶级家庭出身的伊丽莎白·班纳特与属于上层阶级的费茨威廉·达西之间的求爱经过。两人起初都对对方抱有偏见和错误的印象：伊丽莎白快速地就下了定论，因为她一直自傲于能够迅速、准确地判断出新相识之人的为人；达西的那种来自其阶级的傲慢，使他自然而然地就拒绝了伊丽莎白与她的家人。除却由傲慢和偏见的性格缺陷所致的障碍，奥斯丁还为他们的爱情设下了其他的绊脚石。然而，爱情最终克服了几乎所有谬误的社会藩篱，伊丽莎白和她的姐妹们最终都步入了婚姻殿堂，而她们中也只有一个人是为了金钱而结婚。

奥斯丁在叙事中使用了多种文学技巧。她经常借角色之口转述事件发生的经过，这就为理解叙事创造了一定程度的距离感，同时又能使读者像是在偷听他们谈话一样置身于情节当中。

1833年版的卷首插画，表现了伊丽莎白告诉她父亲是达西促成了莉迪亚与维克汉姆的结合这一幕："她进而告诉了他达西先生自愿为莉迪亚所做的事。他听完感到非常惊讶。"

奥斯丁还大量借助书信来推动故事发展。据说《最初的印象》可能就是一部彻头彻尾的书信体小说（即通过信件的交流展开叙事）。书信不像谈话具有即时性，但给了角色与作者进行反思的时间。

最后，《傲慢与偏见》中的很多场景大多都设置在了各种类型的社交聚会上，这也是能描画出为阶级所支配的英格兰社会之荒谬性的最佳方式。奥斯丁对阶级分化问题，尤其对妇女的社会地位问题持进步的观念。她的许多角色都受困于为社会所决定的角色当中，然而伊丽莎白与达西在对自身以及互相的日益了解中成长了，并且克服了他们固有的傲慢与偏见。最终，爱情战胜了一切，这就是那个令世人永不厌读的故事。

《弗兰肯斯坦》

玛丽·雪莱

（1818 年）

《弗兰肯斯坦》是哥特恐怖小说中的经典。雪莱创造出来的怪物为无数的书籍、戏剧和电影提供了前提条件。她原创性的故事探讨了自然、责任、孤独以及滥用强大知识的危险性等问题。

《弗兰肯斯坦》原本是因为一场文学创作竞赛而写出的。1816 年的一个寒冷的夜晚，三个朋友在家中互相讲着鬼故事，后来他们决定看看三人中谁能写出最佳的恐怖故事。这三位分别是诗人拜伦勋爵、他的医生约翰·波利多里以及《女权辩护》作者的女儿，玛丽·沃斯通克拉夫特·葛德文。这场写作比赛催生出了两部哥特小说经典：一部是波利多里的《吸血鬼》，也是有史以来第一部吸血鬼小说；另一部就是玛丽的《弗兰肯斯坦》。

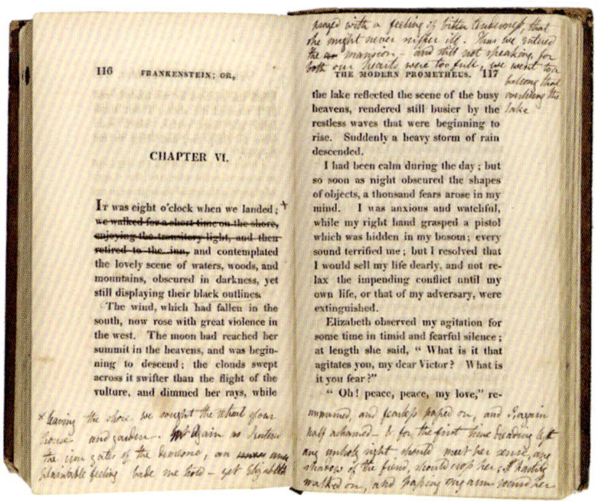

116 FRANKENSTEIN; OR,

CHAPTER VI.

It was eight o'clock when we landed; ~~we walked for a short time on the shore, enjoying the transitory light, and then retired to the inn,~~ and contemplated the lovely scene of waters, woods, and mountains, obscured in darkness, yet still displaying their black outlines.

The wind, which had fallen in the south, now rose with great violence in the west. The moon had reached her summit in the heavens, and was beginning to descend; the clouds swept across it swifter than the flight of the vulture, and dimmed her rays, while

THE MODERN PROMETHEUS. 117

the lake reflected the scene of the busy heavens, rendered still busier by the restless waves that were beginning to rise. Suddenly a heavy storm of rain descended.

I had been calm during the day; but so soon as night obscured the shapes of objects, a thousand fears arose in my mind. I was anxious and watchful, while my right hand grasped a pistol which was hidden in my bosom; every sound terrified me; but I resolved that I would sell my life dearly, and not relax the impending conflict until my own life, or that of my adversary, were extinguished.

Elizabeth observed my agitation for some time in timid and fearful silence; at length she said, "What is it that agitates you, my dear Victor? What is it you fear?"

"Oh! peace, peace, my love," re-

1818 年初版的一册，上面有玛丽手写涂改的痕迹。此书以后的版本接受了其中的一些修改

玛丽那时已经和她的爱人——诗人珀西·比希·雪莱在一起了，他们于同年的晚些时候完婚。珀西帮助新成为雪莱夫人的玛丽（1797—1851）在之后的几个月内将原本的短篇扩写成了一部长篇小说。玛丽的灵感来源于意大利物理学家路易吉·伽伐尼的实验。这些实验证明了肌肉可以通过电流刺激而获得活力。1803 年，这一用伽伐尼命名的现象在伦敦被公开展示于死囚的尸体上。

《弗兰肯斯坦》出版于 1818 年，那时候女性小说家还尚属罕见。这一状况再加上作品本身骇人的主题，招致当时的评论家对其褒贬不一。然而它却在读者大众间

一炮走红，不到三年的时间，它的首个戏剧版就在伦敦被搬上了舞台。

小说的开端和结尾采用了书信体结构。一位在北冰洋探险的船长在书信中描述了他与弗兰肯斯坦相遇的经过，后者跋涉到严寒的极北地区去摧毁他创造的怪物。雪莱夫人使用冰原的意象唤起了书中反复出现的主题：孤独。随着雪莱夫人逐渐展开了弗兰肯斯坦讲述给船长的故事，人们发现弗兰肯斯坦对造物的沉迷以及他这方面的能力，也让他陷入了孤立无援的境地。同时，没有人比弗兰肯斯坦的畸形造物更加孤独了，甚至就连他的创造者也避之不及。

弗兰肯斯坦的造物虽然外表凶残，却有着成熟的心智和情感，譬如他常阅读弥尔顿的《失乐园》。他希望弗兰肯斯坦能为他创造一个伴侣。只是当弗兰肯斯坦被自己的创造吓坏并浇灭了他的希望的时候，他才开始了激烈的报复行动。然而最终，在他看到弗兰肯斯坦因体温过低死在北极之际，他悲痛欲绝，并且意识到现在他比过去要更加孤独和无助。

21 世纪以来，这本书依旧提出了关于人扮演上帝的伦理与心理学问题。这些想法几乎和那件现今更有可能发生的恐怖之事——从人体的备件中创造出生命——一样令人着迷。

1831 年版的卷首插画，由特奥多尔·冯·霍斯特绘制，展现了弗兰肯斯坦造物的觉醒

《通过点来写字、谱曲、写简单的歌的方法》

路易·布莱叶

（1829 年）

一个盲童发明了一套巧妙的触摸阅读代码，并以一种特殊的、有突起页面的书的形式与世人分享，从而使盲人获得了读写能力，并大大提高了他们的社会融入、独立性以及生产能力。这套符号现已被广泛应用在了电梯和邮票上。

路易·布莱叶（1809—1852）自幼聪慧，并且好奇心极强。三岁时他在父亲的马具店中被一把锋利的锥子刺伤了一只眼睛。随后的感染令这个男孩双目完全失明——这道诅咒在那个年代通常会使其受害者陷入永远的黑暗与社会隔绝之中。

然而，在他的敦促以及家人和一位当地神父的努力之下，小路易获准与其他学生一起上课，并且表现出了非凡的学习能力。十岁时，他获得了前往巴黎青年盲人皇家学院学习的奖学金。

他在巴黎学习期间遇到了一位名为查理·巴比尔的法国军官。巴比尔发明了一套使用凸点的基本触摸阅读方法，用于士兵在夜间没有照明的情况下读写信息。巴比尔的系统由十二个凸点组成，将三十六种不同的声音进行了编码。但是军方拒绝了他的方法，因为这对大多数士兵而言都太难使用了。

年轻的布莱叶研究了巴比尔的代码，并且找到了其主要缺陷。他的解决办法是发展出了一套新的触摸阅读系统，利用包含六个凸点的单元格来表示字母表上的字母。他的系统还包括了代表标点符号以及字母组的符号。

布莱叶改善并扩展了这个想法，创造了一套为盲人或视觉障碍者使用的阅读写作系统，这其中包含了一套表示法语字母和音乐符号的新代码。他历时三年于 1829 年发表了这部作品，题名《通过点来写字、谱曲、写简单的歌的方法》。

这套新系统以其发明者的名字被命名为布莱叶点字法。通常要使用两只手，阅读是由食指完成的。阅读者沿着凸点连成的线从左至右移动手指来解读字母。一个经过训练的熟练读者可达到每分钟一百五十个单词。

许多著名的音乐家将他们的成功部分归结为他们的识字能力。雷·查尔斯曾说道：“学习用盲文阅读乐曲并凭记忆演奏出来让我培养出良好的记忆力。”海伦·凯勒也说过：“我们盲人应感谢路易·布莱叶，就像全人类应感谢古登堡一样。”

通过使用布莱叶点字法，盲人或视觉障碍者也能接触到伟大的文学作品、财务报告、法律合同、餐厅菜谱以及桌面游戏了。

在英国，200万失明或视力低下的人中，目前估计只有1.5万至2万人使用盲文。美国的使用率也相差无几。不过，在使用智能手机的时代，计算机系统已经可以帮助盲人了，盲文也不再是盲人唯一可用的生命线了。

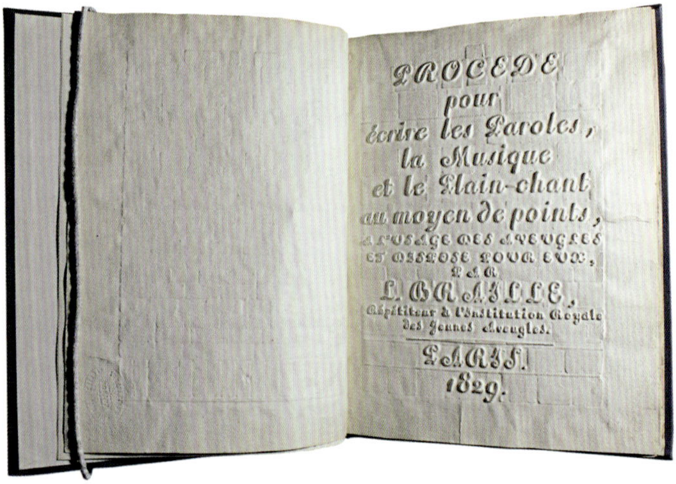

法语原版的扉页

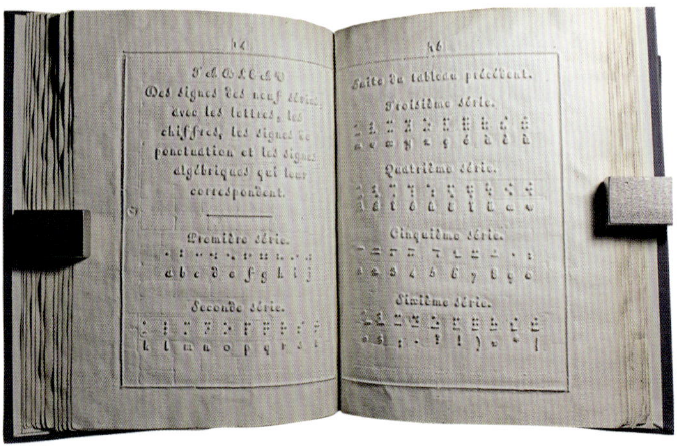

展示代表了字母、重音、数字和标点的布莱叶点字符号的两页

《穆雷旅行手册》

（1836 年）

随着英国步入帝国时代，一位伦敦的出版商推出了一套全面、翔实、学术性的手册，意在教育、指导和帮助出国的英国人。很快，一位同时代的德国人也为这一体裁添砖加瓦，于是现代旅行指南就这样诞生了。

1830 年代初，一位著名的英国出版商之子约翰·穆雷三世（1808—1892）开始整理他在跨欧之旅中做的详细笔记。他于 1836 年出版了这本名为《荷兰、比利时、莱茵河流域及德意志北部的旅行手册》的书，原本的个人课题也因而演变成了一种供旅行者使用的新型参考书。这本书在出版后的头五年中售出了超过一万册。

作者在哪里住宿，吃了些什么，如何使用当地的交通工具，这些问题只占全书所含的大量主题中的一小部分。他的手册告诉了我们各地对待仆人的不同标准，哪里应该提防强盗以及该吃何种药物以应对各种地方疾病。穆雷按编号整理了对各地的描述和实用信息，并为有教养的英国读者们开列了一张各地实用词汇表。手册包含了对所访国家和城市历史的极为详尽的记载，同时附有对当地建筑、纪念物、艺术、音乐以及其他文化成就的学术性研究。穆雷风格是集详尽与实用于一体的典范，这也将成为新兴的旅游业的一大特征。

穆雷这本开创性的书，引发了一系列取得成功的后续作品的出现。这些由其他供稿人和读者所写的书，标题不断更新，并都明显是以英国人的视角出发，分享了作者在国外各地的见闻实录。穆雷扩编了供稿人的数量，将他在伦敦的私人圈子中的一些杰出人物纳入其中，这些人都是雅典娜神庙俱

乐部、皇家地理学会以及其他精英协会的成员——全都是些受过高等教育、经历甚广以及文化程度极高的绅士。这些人博学、有时略显古怪的写作，比起任何其他的实用手册信息量都更大，也更能取悦读者。穆雷的出版物一有新内容可用，就会对原有的文本进行替换和补充。这一套书还包括了广告部分和宣告最近书目的衬页。其涵盖的地区也从最初的欧洲各地扩展至了埃及、阿尔及利亚、印度和日本。

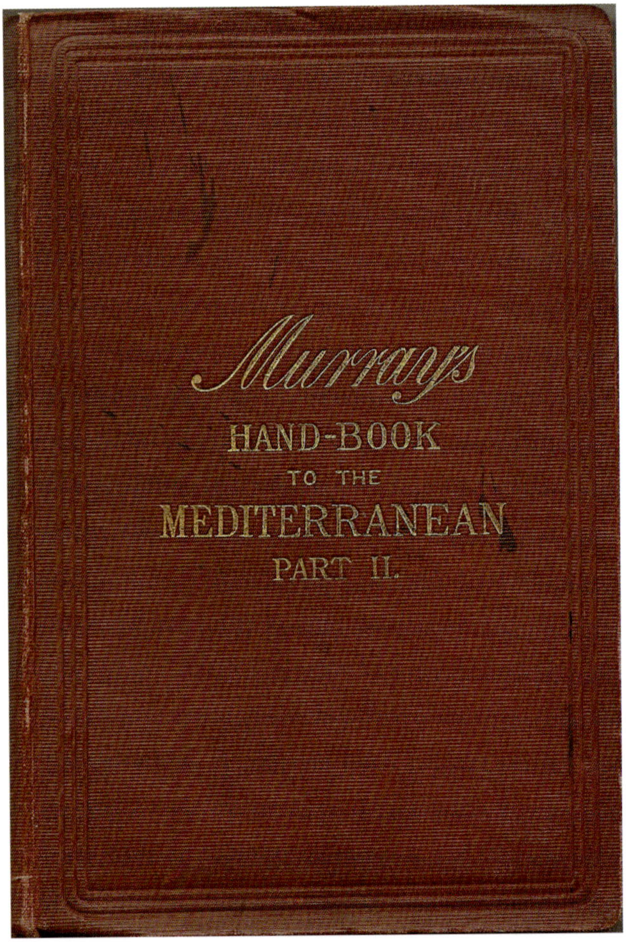

《穆雷旅行手册》红底金字的封面极富特色。穆雷的旅行指导手册因其覆盖范围之广与内容之翔实著称。这套书提供了住宿和交通方面的建议，为旅行者规划旅行路线，并且包含了折页地图。这些详尽、学术性的手册囊括了英国、欧洲、印度、日本和新西兰等地的情况

现在看来，19 世纪的这些指导手册，为维多利亚时期在异国他乡旅行的英国人打开了一扇迷人的窗。穆雷的撰稿人所作的记叙全都充满着大英帝国对外部的各种看法。

有位读者极其欣赏这套丛书，乃至着手自行出版一部新的旅游指南，这部新作既传承了前作的思想，又融入了一些新的特色。卡尔·贝德克尔（1801—1859）承认了他与穆雷之间的友情，并且将穆雷的一些方法挪为己用，甚至采用了相似的书名。贝德克尔的《旅行手册》进一步确立了旅行指南的权威标准——不过如果没有穆雷，也就不会有贝德克尔。

《自然的画笔》

威廉·亨利·福克斯·塔尔博特

（1844 年至 1846 年）

原本意在展示他发明的方法，作为第一本摄影类商业图书，福克斯·塔尔博特的书表明了“拍照”具有的革命性潜能。

威廉·亨利·福克斯·塔尔博特（1800—1877）有着极其优秀的头脑，十二岁时就出版了自己的第一本书：《哈罗的动植物》。他既可以轻松地翻译古阿比西尼亚的楔形文字，又能得心应手地得出有关电动机的想法。绘画是他唯一不擅长的，即便是在显像器（一种将艺术家眼中的图像投在纸上，使其可被慢慢勾勒出来的透镜和反射镜装置）的帮助下。他因而希望能用一种简单的方法将他所看到的形象固定在纸上，于是开展了研发工作。

他利用自己的化学知识，于 1830 年代开始进行将纸浸泡在银盐溶剂中的早期实验。与此同时，一个名为路易·达盖尔的法国人正在研究一种截然不同的摄影法——在镀有硝酸银的铜板上成像。1839 年，这两人分别在三个星期内公布了他们的方法，达盖尔稍快一步。

银版摄影法的成像更为清晰但也非常脆弱，必须保存在盒子或相框的玻璃下面。塔尔博特的卡罗摄影术（“卡罗”来自古希腊语，意为“美好的印象”）则会在印刷纸基上呈现出一些颗粒。两种方法都只能生成一个影像，从中可以制作对比度必然下降的复印件。卡罗摄影术的巨大优势在于复制方便——达盖尔的影像只能通过对着最初的银版重新使用银版照相方可复制，而无条件限制的卡罗摄影术只需从原版接触印刷就可以做成。

塔尔博特进一步改善了他的复印方法，直至他对能持续复制信心满满。1844 年，他出版了《自然的画笔》的第一部分，一共出了 285 册，书中有五幅插图是真正的卡罗摄影术产物，每幅图都配有塔尔博特本人所写的可读性非常高的文字。这本书打算分十二期逐月出版。

奇·皮奥奇是伟大的英语词典编纂者塞缪尔·约翰逊的友人。“同义词，”她写道，“更多地是关系到优雅而非真理。”

罗热并不认为单词有同义词，他认为每个词都是独一无二的。他承认自己的列表有着内在缺陷。

然而随着时间的推移，罗热这个名字几乎变成了“同义词”的同义词，这使得一些作家将这部纲要贬斥为在语言使用上怠惰之人的工具书。西蒙·温彻斯特——他写过一本有关《牛津英语词典》成书经过的书以及若干其他作品——在《大西洋月刊》中写道：“更有力地说，《罗热同义词词典》不再配得上它这么多年来几乎一成不变受到的不加掩饰的推崇了。它应该被当成是将我们的语言和智力带到如此平庸境地的重要动力之一而受到严厉的谴责。”

尽管近来有更多批评的声音，这部工具书仍然极度流行，于 1853 年就出版了第二版，并且之后有更多的新版本接踵而至。其子约翰·路易斯·罗热博士于 1879 年编纂了一部扩充版，这个版本也进而成了各个工具书藏书室中的一个标准组成部分。1992 年的版本包括了超过 25 万个单词。自 1852 年以来，有超过 3000 万册售出，有数百万册仍然被人使用。

尽管严肃的作家们对使用这本书嗤之以鼻，不过它仍然被证明对准备学期论文的学生们有所帮助，并且以温彻斯特的话说，它变成了“填字游戏的作弊手册”。

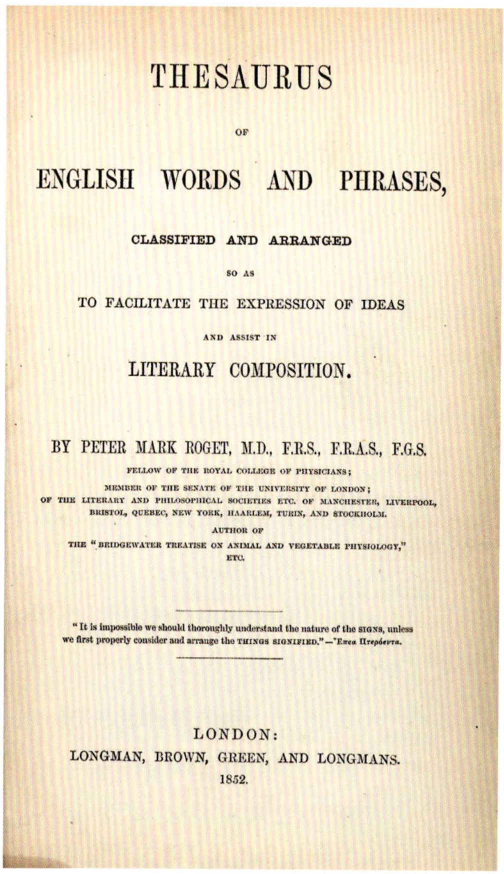

THESAURUS

OF

ENGLISH WORDS AND PHRASES,

CLASSIFIED AND ARRANGED

SO AS

TO FACILITATE THE EXPRESSION OF IDEAS

AND ASSIST IN

LITERARY COMPOSITION.

BY PETER MARK ROGET, M.D., F.R.S., F.R.A.S., F.G.S.

FELLOW OF THE ROYAL COLLEGE OF PHYSICIANS;
MEMBER OF THE SENATE OF THE UNIVERSITY OF LONDON;
OF THE LITERARY AND PHILOSOPHICAL SOCIETIES ETC. OF MANCHESTER, LIVERPOOL, BRISTOL, QUEBEC, NEW YORK, HAARLEM, TURIN, AND STOCKHOLM.
AUTHOR OF
THE "BRIDGEWATER TREATISE ON ANIMAL AND VEGETABLE PHYSIOLOGY," ETC.

"It is impossible we should thoroughly understand the nature of the SIGNS, unless we first properly consider and arrange the THINGS SIGNIFIED."—"Επεα Πτερόεντα.

LONDON:
LONGMAN, BROWN, GREEN, AND LONGMANS.
1852.

《英语单词与短语词典》首版出版于1852年，差不多是在罗热开始为“帮助思想表达”编辑单词的五十年后

《瓦尔登湖》

亨利·戴维·梭罗

（1854 年）

梭罗在瓦尔登湖畔的旷野所度过的两年时光，使他更加接近上帝。原本对生活的单纯记录，最终成了一本在大自然中自力更生的精神与实践指南。

亨利·戴维·梭罗（1817—1862）住在马萨诸塞州的康科德，著名的哲学诗人、个人主义的提倡者拉尔夫·沃尔多·爱默生就是其邻人之一。爱默生是超验主义运动的领头人，相信自然与人天性善良，并且认为是工业社会腐化了自然与人心。

梭罗感到，经历了工业化的社会与自然之间的纽带已经断裂。通过脱离社会、生活在大自然中，他希望不仅可以发展自身的灵性，还可以更好地理解那些被他置于身后的事物。虽然超验主义者们认为自然象征了上帝，不过梭罗更进一步地认为，上帝实际上就显现于自然的各种元素之中，从林间疾跑的野兔到池塘的冰面中生成的水泡。

梭罗的铜像伫立在其单间小屋的复刻品旁，位于瓦尔登湖畔

1845 年 7 月 4 日，梭罗住进了他建于瓦尔登湖畔（这片林地属爱默生所有）的小木屋中，表明要在这里待上两年两个月零两天。这是一份个人主义的声明，一份脱离康科德社会的独立宣言，亦是为梭罗所说的“从容地生活”——在万事万物间找寻上帝——所做的个人实验。

梭罗的哲学立场引起了许多道德冲突。尽管排斥社会，但他仍然需要它。每周他都会去几趟康科德卖他种植的豆类作物。他颂扬隐居的生活，并不追求有人为伴，但仍然欣然于结识这片林地和池塘的其他使用者——孩童、妇女、渔民以及流浪汉。他得意于他简单、低成本以及近乎动物般的生存状态，而另一方面，却以阅读拉丁与希腊的古典著作为乐，这些书籍都是来自高度复杂化与文明化的人类社会。

梭罗声称既然上帝蕴于每个人的心中，那么所有人必然都是平等的。因此，梭罗在一次造访康科德时因拒绝纳税而被拘留，因为他认为纳税人不应该支持一个赞同奴隶制的国家。尽管他只被拘留了一个晚上，这段经历还是促使他写出了《论公民不服从》（1849 年）。他在其中辩称，人们应该从他们自身而非从市民社会中找寻自己的道德观。

WALDEN;

OR,

LIFE IN THE WOODS.

By HENRY D. THOREAU,

AUTHOR OF "A WEEK ON THE CONCORD AND MERRIMACK RIVERS."

I do not propose to write an ode to dejection, but to brag as lustily as chanticleer in the morning, standing on his roost, if only to wake my neighbors up. — Page 92.

BOSTON:

TICKNOR AND FIELDS.

M DCCC LIV.

初版《瓦尔登湖》的扉页，其上印有索菲亚·梭罗绘制的其兄所住小屋的素描

他按照原定的时间于 1847 年 9 月 6 日回归了文明人的生活，无意再延长他的实验。他花了七年时间来整理他对这段湖畔生活经历的所思所想。1854 年《瓦尔登湖》终于出版，其中的激进思想受到了评论家的广泛好评。然而，这本书在公众间并不叫座，在梭罗有生之年里也未能再版。

梭罗去世后，对《瓦尔登湖》的批评损害了他的声誉。直到 19 世纪末，人们才开始重新评价他的思想。1930 年代，一部关于他的新传记将他的政治思想带到了新的一代人中，他的个人主义哲学启发了包括甘地和马丁·路德·金在内的民权运动领袖。虽然《瓦尔登湖》主要基于梭罗的个人精神信仰，然而在 1960 年代，随着嬉皮士运动的兴起以及公众对环境问题的日益关注，它又在新的历史语境中对人们造成了影响。

环境、精神、政治和哲学——《瓦尔登湖》是一部复杂、充满激情又超越其时代的著作。时至今日，它已能在每一代人中都激起强烈的共鸣。

《包法利夫人》

古斯塔夫·福楼拜

（1857 年）

作为现今已被公认的第一部伟大的现实主义小说，福楼拜最初创作的长篇小说也正是他的个人代表作。现代小说滥觞于此。然而，1857 年，福楼拜却因这部小说被指伤风败俗而遭到了起诉。

统治了 19 世纪上半叶的浪漫主义文艺风尚，几乎不会触及现实问题。它所涉及的是高级情感、个人理想主义以及想象中已经遗失的乌托邦——往昔与未经污染的自然，绝不会染指不够完美的当下以及工业文明的丑陋扩张。

古斯塔夫·福楼拜（1821—1880）则做了天翻地覆的改变。《包法利夫人》的年代设定几乎就是当代，起始于 1820 年代，结束于 1840 年代。虽然小说的布景位于法国的农村和城镇，其中的角色却来自中产阶级，也就是 1789 年法国大革命后刚刚兴起的那个乏味无趣的法国社会与商业阶层。他们过着琐碎、缺乏想象力的生活，并且大多乐于此种生活。在《包法利夫人》出版的十年前，福楼拜就曾写道："愚蠢、自私和健康是幸福的三要素，不过如果缺少了愚蠢的话，其余两点也就没什么用了。"

然而爱玛（即包法利夫人）是个例外，她脑中充满了出自她经常阅读的浪漫主义小说的不切实际的理想。现实生活令她生厌，为了逃离沉闷的现实，她开始卷入一连串短暂的情爱之中，过着奢华的生活，却严重入不敷出，使自己和她的乡村医生丈夫债台高筑。当她的情人抛弃了她，债主又找上门来之时，现实世界击垮了她，她再次寻求其他出路。即便她服毒自尽的举动，也并非看上去的那样浪漫。她最终在痛苦中缓慢地死去。

这是一篇令人震撼的悲剧故事，然而其卓尔不群之处在于福楼拜对语言的运用。他极为细心地精确描绘了他所处世界的平凡而显著的种种细节，然而更为重要的是，他的文字本身反映了他所描绘的场景的节奏与情绪。譬如，他用舒缓的句子描写爱玛的百无聊赖，用紧促、激荡的音节描写

达尔文的自然选择进化理论及其树状模型（共同世系的分化，环境适应以及分化的物种形成），都成了进化生物学的奠基性文献，为现代生命科学提供了统一的概念。这一理论解释了生命有机体的多样性及其对环境的适应，表明了物种进化的方式。它还帮助阐明了许多其他科学问题，解释了世界地质记录以及大量其他谜题。

他的理论在宗教和科学领域中引发了激烈的争议，部分是因为它挑战了居于统治性地位的《圣经》创世论以及灾变说。他有关人类亦来自共同的先祖而非单独被创造出来的观点，至今仍遭到宗教界的抵制。维多利亚时期的博物学者弗朗西斯·高尔顿爵士，曾于 1908 年评论说：“其效果在于仅凭一击就摧毁了无数教条的藩篱，并且激发了一种针对各种旧权威的反叛精神。这些旧权威信誓旦旦而又漏洞百出的言论，已经遭到了现代科学的有力反驳。”

调查表明，《物种起源》一向被投票选为历史上最具影响力的著作。

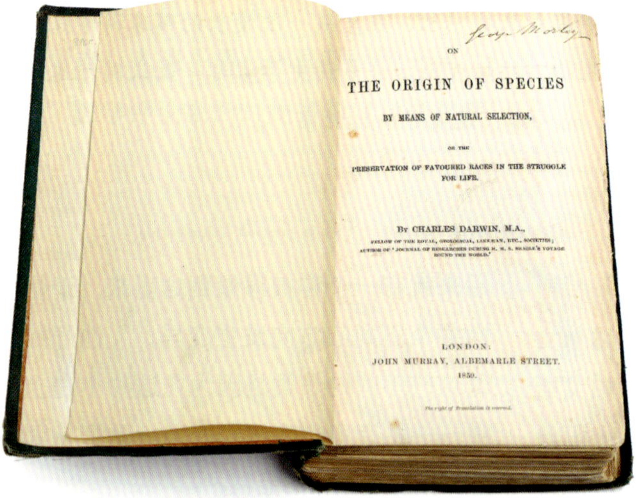

初版的扉页

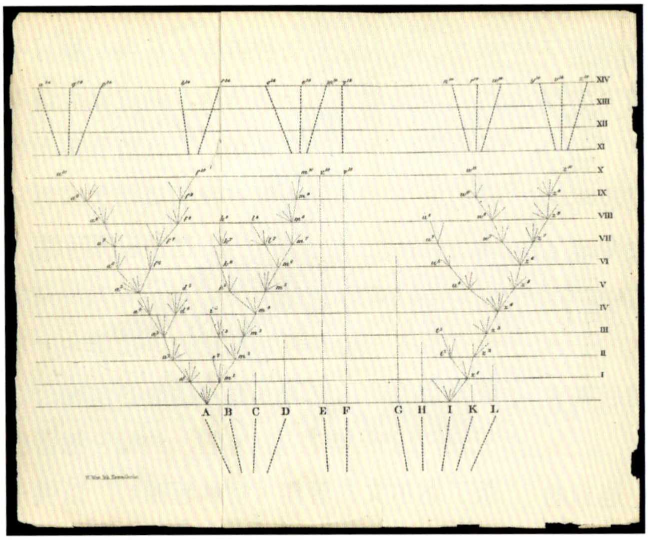

此书中唯一的插图，展现了被达尔文称为“有着美丽分叉的……生命之树”

《比顿夫人的家政管理》
（1861 年）

这本书取得了如此巨大的成功，以至于作者的名字已经成了高效家政管理的代名词。伊莎贝拉·比顿为中产阶级家庭所写的指南在她去世前售出了超过 200 万册，尽管她本人缺少烹饪和扫除的相关经验。此书一再重印，从未绝版。

1852 年，一位名叫塞缪尔·比顿的年轻新锐出版商发行了一本名为《英国妇女家务杂志》的新月刊，意在面向中产阶级家庭的女士。中产阶级的崛起是工业革命与铁路时代的新现象。新增的财富和增长的空间流动性，意味着许多妇女不再从她们的母亲那里习得实用技能，也不必再住在附近以便向她们的母亲讨教。

比顿的杂志内容包括虚构类文章、时尚贴士和居家建议，旨在提升妇女家庭生活品质；对于那时的妇女而言，家庭之外的工作和社会生活并不受尊重。1856 年，负责烹饪专栏的通讯记者离开了杂志社，次年塞缪尔便让他年轻的新婚妻子伊莎贝拉为他撰稿。

描绘“果冻、奶油和甜点”的插图。这本书冗长的副标题使它在 19 世纪牢牢占据着一席之地：“包含了各种对女主人、女管家、厨师、厨房女佣、男管家、男仆、马车夫、贴身男仆、女仆、洗衣妇、护士和保姆等有用的信息。”

比顿夫人（1836—1865）起初只是翻译一些法语的小故事，然而她很快就被说服来掌管整个烹饪专栏。一定程度上是因为烹饪经验不足，她的首份有关松糕的食谱忘记说要加鸡蛋了，也没有讲到需要多少面粉。

不过，她坚持了下来。她从读者中邀取了一些食谱，或从烹调书中抄了一些现成的食谱。据她姐姐亨丽埃塔证实，伊莎贝拉亲自测试了所有的食谱，因此她的厨艺也必然有所长进。人们会希望如此：在 1858 年圣诞节的严冬，她照例为穷人做汤。

专栏变得非常流行。1859 年，塞缪尔将专栏分成二十四个部分收集起来，作为杂志副刊发行，称为《比顿家政管理》。它不仅包含了食谱，还包含了有关社交礼仪、急救护理与仆人职责等有用的部分。1861 年，比顿出版社首次将其以单卷本形式出版，立刻就取得了成功，单是第一年就卖出了 6 万本。

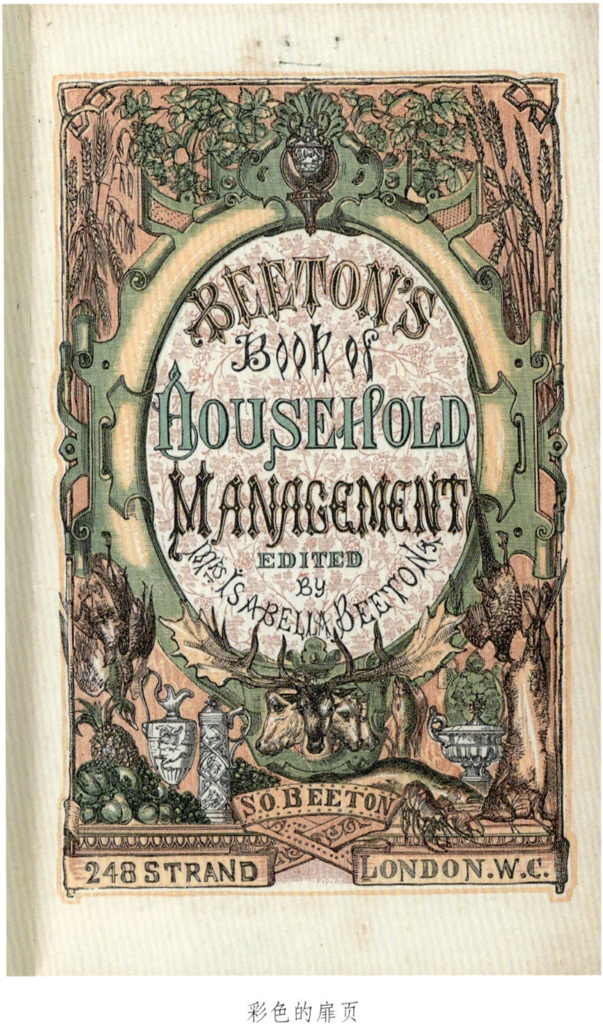

彩色的扉页

虽然比顿夫人现今有时会被人诟病抄袭，但她的著作在那个年代却是一部价值无量的宝典。比顿夫人时常对她的《家政管理》进行修改和增补，覆盖了越来越广的家政事务领域，包括法律问题与节俭的小窍门等。她于首版发行后四年死于产褥热，不过到那时，比顿夫人的牌子已经极其响亮，以至于以后的版本暗示她仍然健在并且还在参与编辑工作。到 1907 年，此书的篇幅已增至两千多页，并且它在每个英国中产阶级家庭中都发挥着至关重要的作用。

这本书成功的关键在于它的食谱，尤其在于比顿夫人介绍它们的方式。她是首位将食材分别列出，并为各式各样的烹饪工序列出时间表的人。她从大量的资源中萃取材料，然后统一体例，以便用起来得心应手。

比顿夫人，这位最初的家务女神，一直都是英国家喻户晓的人物。她的家庭百科全书使我们得以窥见维多利亚时期迷人的中产阶级家庭生活。

《悲惨世界》

维克多·雨果

（1862 年）

这是一部像歌剧一样浪漫的小说。难怪维克多·雨果有关怜悯与救赎的悲情故事会被成功地搬上音乐舞台。书中的动人场景与详尽的历史背景都极具戏剧性。

维克多·雨果（1802—1885）去世后，前往巴黎参加他国葬的人比城中全部人还要多。他以政治哲学家兼作家的身份被世人尊崇，帮助塑造了法兰西第三共和国。在当今的法国，他以诗歌、戏剧以及小说为人们所牢记，在全世界范围中，他的声誉主要得自《巴黎圣母院》与《悲惨世界》。

《巴黎圣母院》唤起了中世纪的巴黎，而《悲惨世界》的故事背景则设定在雨果童年时期的巴黎，其高潮为1832年巴黎起义失败。在这一贫穷、动荡的时代背景下，雨果讲述了小偷冉·阿让的故事，他四处逃窜，时刻有着被坚定的沙威警长逮捕与监禁的危险。

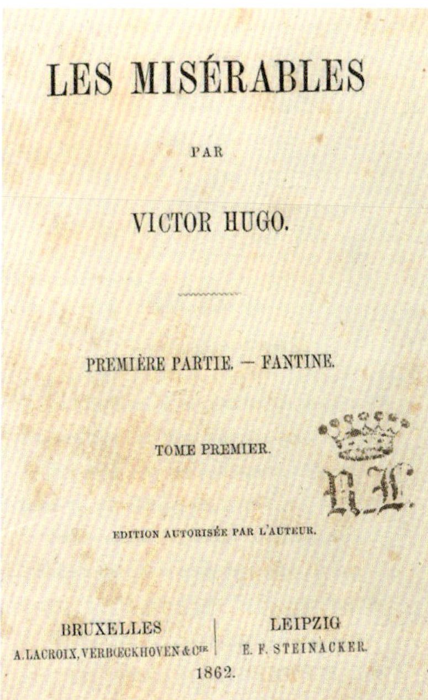

初版的扉页

阿让偷窃银烛台的行为得到了一位富有同情心的主教的宽恕，于是他决定就此洗心革面，后来用化名成了一名成功的商人。他十分同情芳汀——一个被他的工厂解雇的穷苦单身母亲，当她去世后，他成了她女儿柯赛特的监护人。

阿让与沙威屡次相遇，并且屡次发现他们的道德信仰要么有悖于他们的切身利益，要么就是有悖于他们宣誓过的职责。最终，两人都必须对自己真诚，在不同场合中，两人也表示过对彼此的宽容。沙威因内心冲突过于巨大，选择了自杀。阿让则被迫透露出自己的真实身份是一

实中可能存在的地理区域，还描述了一个完全虚构的地下世界。不过他对这一地下世界的描述是与当时最新的地质学理论相吻合的，譬如，居于其中的史前生物就来自那时所发现的古生物化石。

标题中所指涉的这次旅行，是由一位德国科学家与他缺少冒险精神的侄子在破解了一份古老的加密手稿后所做的。凡尔纳对角色的选取，使他得以在书中写下一个角色向另一个角色讲解科学理论的对话，而这二位都惊叹于周遭的神奇与恐怖。

《地心游记》曾因为政治上的缘由而被反复修订。譬如，在出版于1871年普法战争后的英译本中，书中的主角被重新命名以显得不那么有德国味儿，一些段落因为其反英倾向或科学性过重而被删除。

儒勒·凡尔纳并非第一位记叙地下世界情况的作家，但丁就曾在他创作于14世纪的长诗《地狱篇》中描绘了地下世界的一个版本——地狱。然而，凡尔纳确是第一位以科学的完整性处理这一主题的作家。虽然，他所依照的大部分科学知识都已被后世的发现所取代，但他所描绘的地下之旅在今天仍旧魅力不减。凡尔纳动人的热忱激发了一个全新的文学类别的诞生，也即蒸汽朋克，其将未来的科学错置于19世纪的冒险中。

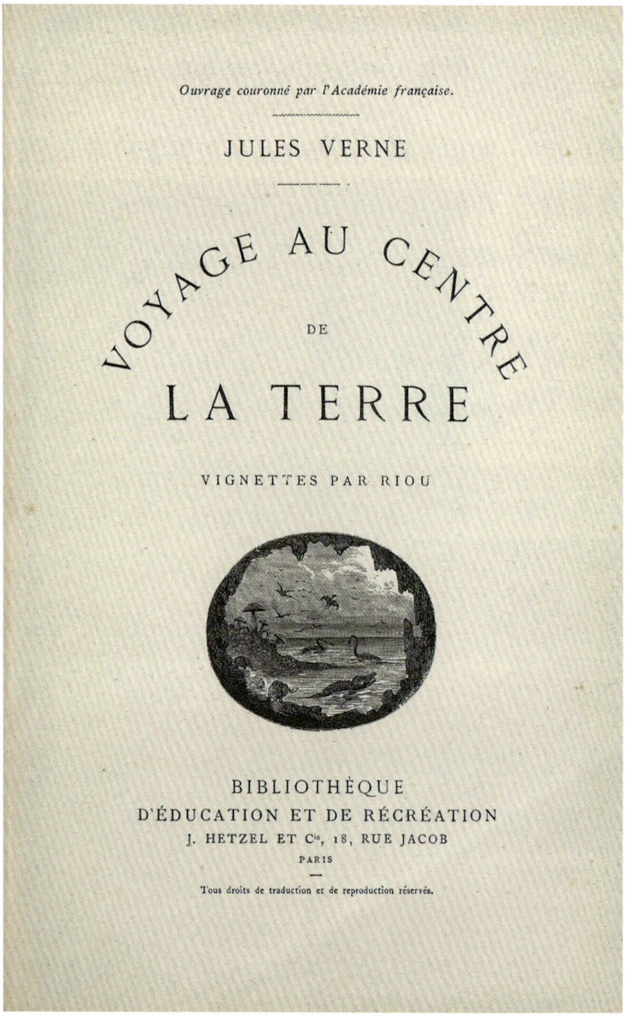

初版包含了由爱德华·里乌所绘的精细插图，这有助于读者将书中所描述的史前动植物予以视觉化

《爱丽丝漫游奇境记》
刘易斯·卡罗尔
（1865年）

刘易斯·卡罗尔是一位古怪的英国数学家、教堂执事所用的笔名。他为一位十岁姑娘编写的离奇幻想故事，成了维多利亚时期最为流行的儿童文学之一，同时也激发了各式各样的不洁的想法和迷幻的戏剧改编。

查尔斯·勒特维奇·道奇森（1832—1898）患有严重的口吃，过着深居简出的生活，不过他在牛津大学教授数学。他还是英国圣公会的一位虔诚的执事，终身未娶，与年轻女孩们保持着友谊。他曾给她们中的一些人拍照，以及一起短途旅行。

1862年7月4日，道奇森与朋友罗宾逊·达克沃思牧师，带着牛津大学副校长兼基督教会学院院长亨利·利德尔的三个女儿划船溯伊西斯河（即泰晤士河）而上。这三位女孩分别是十三岁的罗丽娜、十岁的爱丽丝和八岁的伊迪丝。旅途中，道奇森给她们讲了一个他自编的、有关一名叫爱丽丝的虚构女孩的奇幻故事。女孩们非常喜欢这个故事，爱丽丝央求他给她一个书面版本以便欣赏。一个月后，他又带她们外出郊游，并且讲了更多的故事。后来，道奇森将他的故事写了下来，并且在手稿上添加了一些插图。1864年11月，他赠给爱丽丝一部有封面包装的手稿，但是此时他与利德尔家族之间的关系已经变淡，他只得从其他孩子处寻求回应。

手稿获得了极佳的反馈，于是他聘请了一位专业的插画师约翰·坦尼尔，与他共同完成一个增补后的新版本。这一版本的篇幅是原有版本的两倍，达到了二万七千五百字，并且包含了一些新的插

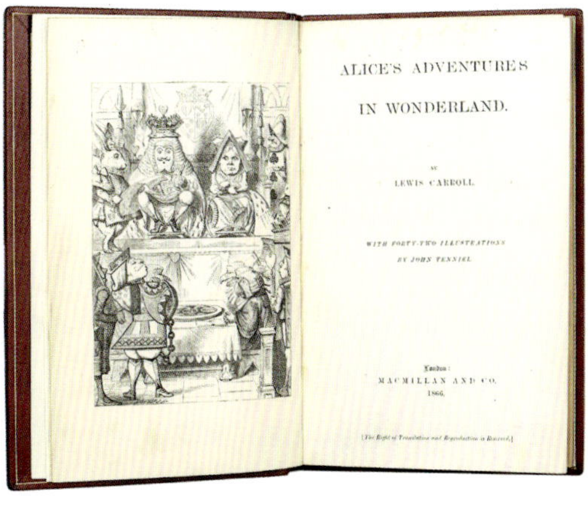

曲，例如柴郡猫和发疯的茶会。

《爱丽丝漫游奇境记》出版于1865年，取得了巨大的成功，以致刘易斯·卡罗尔又在1871年发表了一部续篇《爱丽丝镜中奇遇记》。

虽然这部小说原本是针对儿童读者，但它也获得了成年读者的青睐。它讲述一位名叫爱丽丝的女孩，不小心跌入兔子洞，来到了一个住着古怪生物的奇幻世界。故事中充满了迷人的拟人化角色、荒诞的情景以及许多如今已脍炙人口的令人难忘的金句，譬如“砍掉他们的头”“越奇越怪”“回到昨天毫无用处，因为过去的我和今天有所不同”等。

爱丽丝一路跟随穿着马甲揣着怀表的白兔，先是喝了让她变小的药水，后来吃了口蛋糕又陷入了沉睡。她遇见了老鼠与猫，以及抽着水烟的蓝色毛毛虫。其他角色还包括三月兔、疯帽子、睡鼠、红桃国王和王后。

《爱丽丝漫游奇境记》被翻译成了不下174种文字，单论英语的版本就有上百种。这本书还衍生出了难以计数的戏剧与电影改编。评论家们为书中的象征含义以及作者是否服用了鸦片或致幻蘑菇等问题争论不休。传记作家则以披露作者的性癖好博取读者眼球。然而，这本书依旧是儿童文学中的一部标志性作品。

188 ALICE'S EVIDENCE.

At this the whole pack rose up into the air, and came flying down upon her; she gave a

虽然日期标注为1866年，《爱丽丝漫游奇境记》的首个正式版本于1865年11月就已开始销售。在此之前，1865年7月还有一批更早的印刷被停止流通。确定了爱丽丝人物形象的插图作者约翰·坦尼尔对首次印刷的质量非常不满，并将印出来的书悉数捐赠给了儿童医院和机构

《罪与罚》

费奥多尔·陀思妥耶夫斯基
（1867 年）

一个前囚犯在贫穷、罪与罚中的痛苦经历，帮助他塑造了这个讲述一位备受折磨的杀人犯获得救赎的经典故事。陀思妥耶夫斯基令人难忘的小说，在使他跻身俄国一流作家之列的同时，也影响了现代文学的发展进程。

费奥多尔·米哈伊洛维奇·陀思妥耶夫斯基（1821—1881）因为加入文学小组讨论批评沙皇俄国的禁书被判死刑，不过他在最后一刻获得了减刑，只受到了假处决。他在西伯利亚的监狱里度过了四年，随后又在流放地被迫服役了六年。

1849 年被捕时，陀思妥耶夫斯基已经出版了一部名为《穷人》的小说，然而入狱的创伤给他留下了一道深深的疤痕。这段经历或许导致了他频繁的癫痫发作，也让他终生痴迷于宗教与心理学——这在他后期的文学作品中得到了印证。1854 年获释后，他继续写作，于 1861 年出版了一本关于狱中经历的书——《死屋手记》。

他或许是因为经济上的困窘才构思了《罪与罚》，当时他因长期赌博欠下了相当多的债务，同时还要帮助照顾已故兄长的家人。陀思妥耶夫斯基最初将这部还是短篇或中篇的作品交给了著名的文学期刊《俄国信使》。故事讲了一个年轻人沉浸在“某种悬在半空中的奇怪、‘未完成’的想法里”，而这种想法永远地改变了他的人生。有他的爱人担当速记员，他开始滔滔不绝地将故事口授出来。《罪与罚》于1866 年 1 月至 1866 年 12

1938 年遗产出版社的版本，其特色是附有弗里茨·艾兴贝格所作的木刻版画

月间在期刊上分期发表，次年又出版了单卷本。

《罪与罚》讲的是，一个名叫罗季昂·拉斯柯尔尼科夫的圣彼得堡穷学生设计谋杀了一个面目可憎的当铺老板。他打劫了她的现金想用来做善事，告诉自己是在遵从一个更高的目的。他最终遭人怀疑并被逮捕，主要是因为他的良心让他意识到自己做错了。陀思妥耶夫斯基对拉斯柯尔尼科夫内心混乱的记叙包括了对他梦境的描写，这些梦似乎具有一种更深层次的象征意味。书中还充满了许多富有哲理的语句，例如："走自己的路，即便是错的，也好于走其他人的路……夜越黑，星越亮，悲越深，上帝越近"以及"一百个疑点也绝不能构成一件证据"。

正如一位俄国评论家说的："他是我们中的一员，是我们的同胞，然而作为一个经历过苦难、见识比我们更深刻的人，他的洞见给我们留下了睿智的印象。"弗朗茨·卡夫卡称他是自己的"血亲"，詹姆斯·乔伊斯赞颂他是"创造了现代散文并将其带到了如今高度的最重要的作家"。西格蒙德·弗洛伊德与阿尔伯特·爱因斯坦也承认受到他的影响。《罪与罚》至今仍是最畅销的图书之一，被改编成了不下二十五部电影。

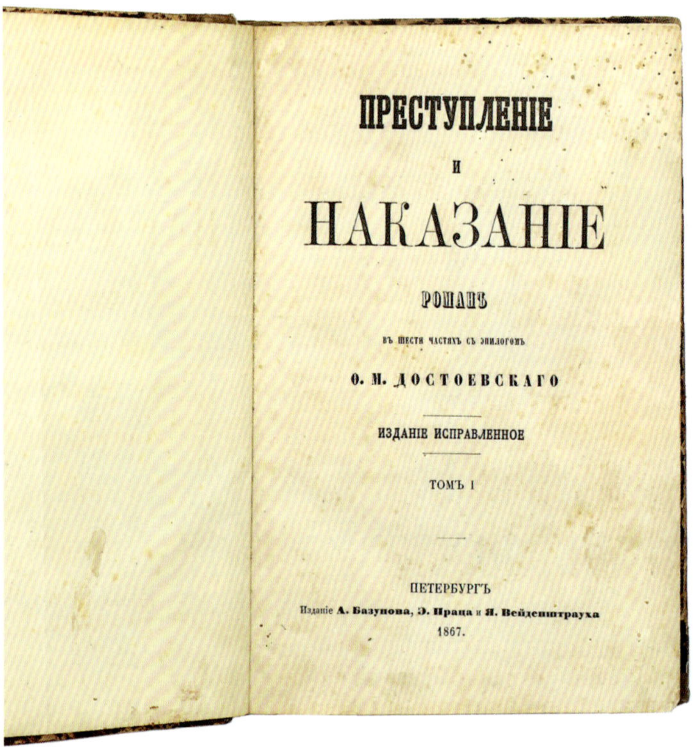

《罪与罚》最初刊载在文学杂志《俄国信使》上，于1866年起逐月发表。这是1867年出版的全本的扉页

《资本论》

卡尔·马克思

（1867年）

这位德国政治经济学家对资本主义的全面批判，无论在经济学理论方面还是在修辞论说方面，都是一项巅峰成就。它为理解工业社会中剥削的经济基础确立了一个明晰的新体系。没有任何经济学家能像马克思那样，对未来世纪产生如此深远的影响。

1867年，卡尔·马克思（1818—1883）已经做了二十五年的自由撰稿人，为德国、英国的报纸以及霍勒斯·格里利的《纽约论坛报》撰写评论。他与其同道德国知识分子弗里德里希·恩格斯所作的革命檄文《共产党宣言》还未以英文出版过。他的大多数读者还未知晓他对现有秩序的蔑视的全貌。他作为职业作家的经验，锐化了他对世界大事的认识，提高了他论说的力度，大大形塑了他尖刻的政治分析。

他计划中的这部巨著打算分几卷陆续出版，反映了他对文学毕生的研究。这体现在他对荷马、柏拉图、但丁、塞万提斯、莎士比亚、弥尔顿以及其他经典作家的大量引用上。同时，他还提及了许多同时期的流行歌谣和戏剧作品。他视自己为一位“辩证法的诗人”。

在写作《资本论》的过程中，他曾向恩格斯坦言：“无论这些作品有何种缺陷，其优势在于它们是一部艺术整体。”他还透露说：“两个月以来，我只能依靠当铺维持生活，这意味着债权人每天会成群结队地来敲我家的门，日子越发地难以为继……一半的人生都要寄人篱下，这真是令人心灰意冷。”

1867年9月，《资本论》的第一卷《政治经济学批判》以德语发表。马克思解释了其意图在于为当代工人运动政治确立一个科学基础。他表明了由亚当·斯密、大卫·李嘉图以及其他主要政治经济学家所提倡的经济体系实则建立在对劳动力的剥削之上。他想要像达尔文为理解自然秩序所做的那样去思考经济。

马克思描述了资本主义经济的结构性矛盾，尤其是劳动力与资本以及劳工与生产资料所有者之间的阶级斗争。他写道：“资本是死劳动，像吸血鬼一样，必须吸收活的劳动，方才活得起来，并且吸收得愈多，它的活力就愈大。”

Das Kapital.

Kritik der politischen Oekonomie.

Von

Karl Marx.

Erster Band.

Buch I: Der Produktionsprocess des Kapitals.

Das Recht der Uebersetzung wird vorbehalten.

Hamburg

Verlag von Otto Meissner.

1867.

New-York: L. W. Schmidt. 24 Barclay-Street.

标题令人惊奇地采用了极具现代感的字体，这非常符合一部将在20世纪的俄国、中国以及其他许多国家引发革命的著作

马克思声称，社会的经济基础决定了社会的结构以及人们的心理状态。阶级斗争在资本主义社会中是不可避免的常态。工人物质上的困窘会与日俱增，随之而来的还有他们自身的异化。资本主义的发展规律终将导致自身的毁灭。

现在看来，马克思对全球化以及资本主义未来发展趋势的许多洞见，都极具先见之明。

马克思未能活到完成他计划中的续作。直到1887年，首个英译版才出版，其中还包含了几卷恩格斯写就的篇目。因此，他没能看到他的著作对世界事务造成了多大的影响。

这部书为以后的共产主义哲学、经济学和政治奠定了理论基石，提供了一种分析社会结构的崭新方法。马克思理论使得俄国、东欧、中国以及部分拉美地区建立了共产主义国家。时至今日，它仍然是世界各地大学中的必读书目，并且仍是经济学、历史学、社会学以及其他社会科学中争论的焦点。

《战争与和平》

列夫·托尔斯泰

(1869 年)

虽然列夫·托尔斯泰的这部史诗般的俄罗斯小说以篇幅宏大闻名于世,它也具有非常多的独到之处,使其能有别于以往的文学作品,高耸于世界文学之巅。

列夫·尼古拉耶维奇·托尔斯泰伯爵(1828—1910)生于贵族世家,长大后成了农民。他曾于克里米亚战争期间在军队服役过,这段经历也在他心中深植了和平主义的种子。他后来成了道德哲学家、无政府主义者和作家,与其妻索菲亚·托尔斯塔娅(1844—1919)以及他们的孩子定居在亚斯纳亚·波利亚纳的庄园内,距莫斯科有一百英里远。

1860年到1861年间,一次赴法国和比利时的旅行,改写了托尔斯泰的政治和文学命运。他在巴黎会见了维克多·雨果,《悲惨世界》中描绘的战争场景深刻地影响了《战争与和平》。托尔斯泰还拜访了流亡布鲁塞尔的法国无政府主义者蒲鲁东,并且被后者的政治哲学理论深深吸引。托尔斯泰为蒲鲁东1861年发表的《战争与和平》撰写了评论,日后他为自己的杰作借用了这一标题。

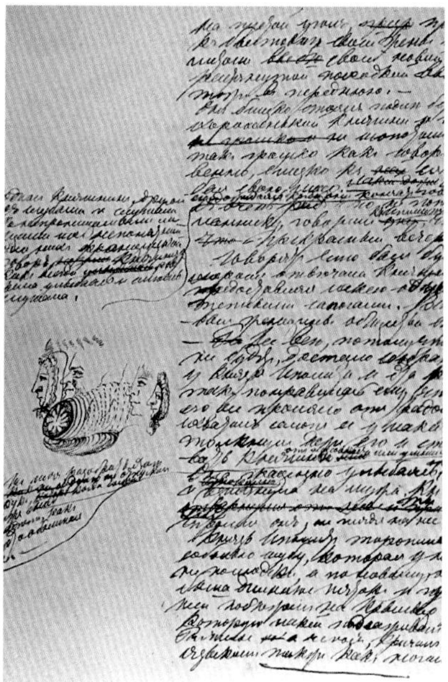

托尔斯泰妻子索菲亚辛勤誊写的手稿中的一页

这部鸿篇巨制由托尔斯泰与其妻子合力完成(索菲亚充当了此书的抄写员和编辑,将整部手稿誊写了七遍),最初于 1865 年至 1867 年间以《一八〇五年》为题在《俄国信使》杂志上连载。他的故事一方面基于异常勤勉的调查研究,一方面基于他自己在克里米亚战争中的亲身经历。小说于杂志发表后,托尔斯泰又进一步地对其做了修改和增补，1869 年，终于出版了有着近一百万字的完整版。

《战争与和平》是一部详尽的历史小说，它反映了从沙皇亚历山大一世统治时期直至 1813 年拿破仑兵败莫斯科这段托尔斯泰出生以前的历史。全书以鲍尔康斯基、罗斯托夫等贵族家族在战争与和平交替的动荡时期中的命运为主线。叙事中夹杂着对真实与虚构事件的生动描写以及哲学性评论。

由于这部作品融合了现实、虚构与哲学性评论，以及有许多交替使用法语和俄语的段落，一些批评家对其并不以为然。不过当时的一线作家，尤其是俄国、法国和英国的小说家，却对其大加赞赏。

1879 年法译本出版后，福楼拜惊呼道："这是何等的艺术家和心理学家啊！"后来的推崇者包括海明威，他曾坦言，是托尔斯泰教会他如何"以最为明确、诚实、客观以及朴实的方式书写战争"。南非小说家库切称托尔斯泰是"文学权威的典范"，说他是最可信赖的讲故事的人。其他人则津津乐道于托尔斯泰书中充满了许多独具特色、令人回味的细节，譬如那段垂死之人在临终之时摆弄眼罩的描写。

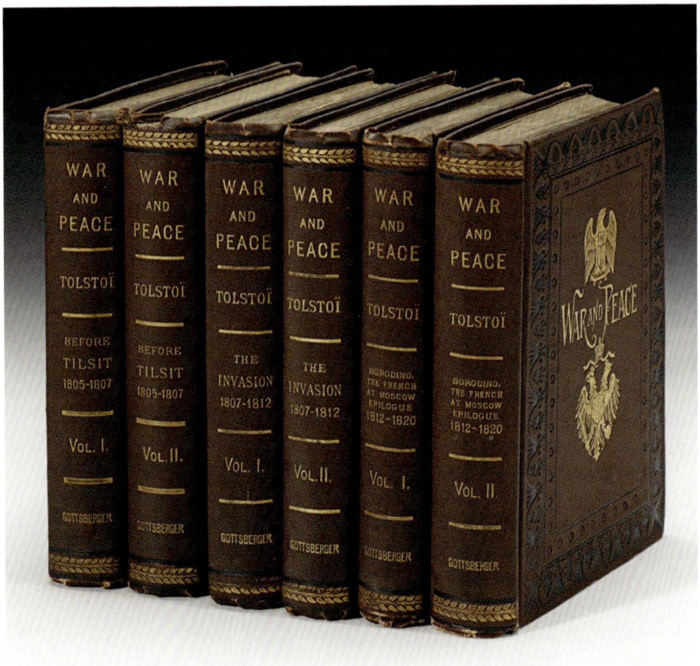

首个英译本由克拉拉·贝尔自法语转译，由威廉·S. 高茨伯格于纽约出版。六卷本于 1885 年至 1886 年间陆续问世

托尔斯泰否认《战争与和平》是一部严格意义上的小说，坚信最优秀的俄罗斯文学应该不拘一格。他认为《安娜·卡列尼娜》才是他的第一部真正意义上的小说。

除却托尔斯泰本人的疑虑，《战争与和平》是一项惊世骇俗的成就。这部恢宏巨著既涵盖了宏大的历史，也捕捉到了最为私密的个人经验。它改变了整个文学，同时俘获了俄罗斯之魂。

《哈克贝利·费恩历险记》

马克·吐温

（1884年）

一位通俗的幽默作家出版了一部丰富多彩的虚构作品，书中充斥了大量粗俗的方言，其主人公是两个叛逆的青少年与一个奴隶，这让有些清教徒脸色煞白。然而，马克·吐温的这部杰作至今仍被认为是一部伟大的美国小说，以及一部对战前美国南方种族关系问题的经典研究文献。

塞缪尔·兰霍恩·克莱门（1835—1910）所用的笔名“马克·吐温”，来自密西西比河船夫使用的表示船只安全水深（两英寻，大约3.7米）的术语。然而，他在这条“怪物”般的大河上的早年经历，带给他的并不止于此。数十年后，当他书写两位虚构的角色与一名叫吉姆的逃亡奴隶一同乘木筏顺密西西比河而下的冒险故事时，密西西比河的流水声与气味仍然伴随着他。

《哈克贝利·费恩历险记》最初于1884年12月在伦敦出版，1885年2月又于纽约出版，是为《汤姆·索亚历险记》的续集。故事由一位名为哈克贝利·“哈克”·费恩的少年以第一人称的形式讲述。他是汤姆·索亚的挚友，后来还成了吐温另两部小说（《汤姆·索亚在国外》与《侦探汤姆·索亚》）的叙事者。

“你要是没有看过一本叫作《汤姆·索亚历险记》的书，你就不会知道我这个人，”此书的开篇如是写道，“那本书是马克·吐温先生写的，他大体上讲的是实话。有些事他有夸大，不过大体上，他讲的是实话。”

叙事者从他的立场讲述了他们的遭遇，并说出了他真实的心声：“我们说，说来说去全世界没有一个家能赶得上木筏子的。别的地方总是那么别扭、那么憋死人，只有木筏子是另一个天地。在一只木筏子上啊，你感觉到的，就是自由，就是舒坦，就是轻松愉快。”他还经常妙语连珠：“镇上所有的傻瓜不都是站到了我们这一边吗？这难道不是占任何一个镇子上的大多数了吗？”

在更深的层面上，哈克身陷伦理冲突之中：一方是正常社会以及一些扮演反派角色的成年人试图施加在他身上的价值观；一方是他珍视的友谊以及吉姆作为人所拥有的价值。最终，哈克遵从了他的内心，拒绝了基督教奴隶制文化的虚伪。

从首次问世至今，这部书便在美国文学中占据了一个特殊的位置，它既被人喜爱并被奉为经典，同时又是一部总会被某些社会权威人士厌恶的作品——这可能是因为其粗俗的语言，例如它使用了“黑鬼”这样的字眼；不过更多时候，是因为其所传达的种族和睦的信息，被一些人视为危险的禁忌。

小说充满了大量丰富多彩的角色以及1840年代密西西比河流域地方生活的鲜活细节，并且尖刻地讽刺了泰德沃特以南地区根深蒂固的态度与霸权。小说还刻画了青少年所感受到的内心冲突与异化。

本书最初由 E. W. 肯布尔所作的钢笔画插图与吐温的文字描写十分契合。他以同等的技艺捕捉到了角色骚动的心灵以及戏剧化的情景。

1935 年，欧内斯特・海明威概括了这本书的重要性：“美国现代文学全部来源于马克・吐温的这本《哈克贝利・费恩历险记》……这是我们拥有的全部书中最好的。美国文学全部来源于此。它是前无古人、后无来者的。”

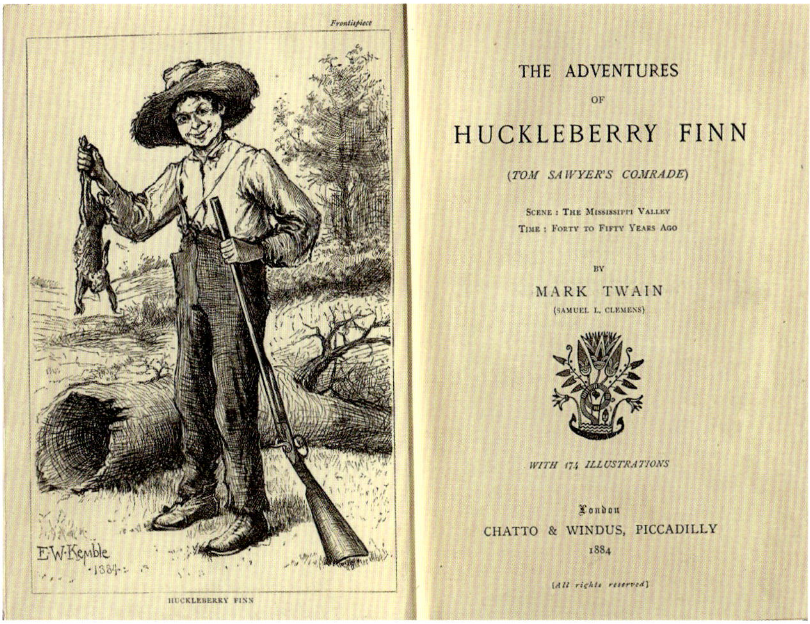

Frontispiece

HUCKLEBERRY FINN

THE ADVENTURES

OF

HUCKLEBERRY FINN

(TOM SAWYER'S COMRADE)

SCENE : THE MISSISSIPPI VALLEY
TIME : FORTY TO FIFTY YEARS AGO

BY

MARK TWAIN

(SAMUEL L. CLEMENS)

WITH 174 ILLUSTRATIONS

London
CHATTO & WINDUS, PICCADILLY
1884

[All rights reserved]

《哈克贝利·费恩历险记》最初于 1884 年 12 月 10 日由英国查托与温达斯出版社出版。初版的卷首插画与扉页

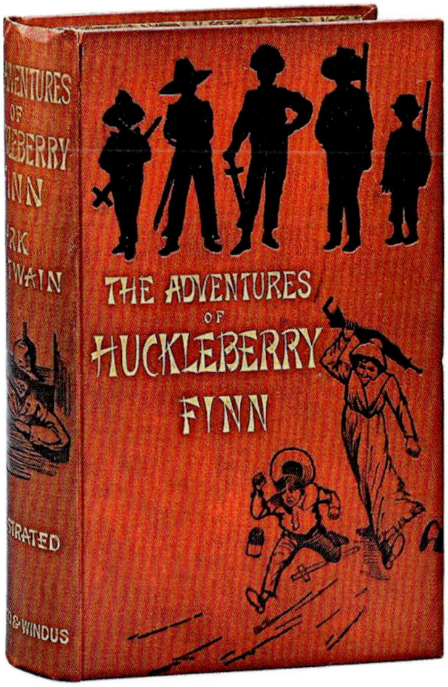

初版的红色封面

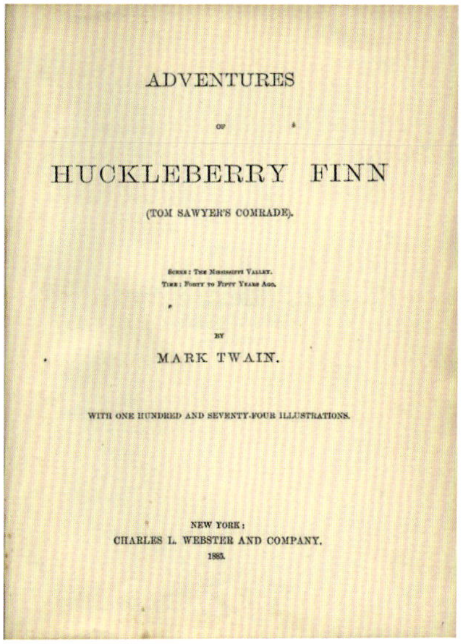

ADVENTURES

OF

HUCKLEBERRY FINN

(TOM SAWYER'S COMRADE).

SCENE: THE MISSISSIPPI VALLEY.
TIME: FORTY TO FIFTY YEARS AGO.

BY

MARK TWAIN.

WITH ONE HUNDRED AND SEVENTY-FOUR ILLUSTRATIONS.

NEW YORK:
CHARLES L. WEBSTER AND COMPANY.
1885.

首个美国版于 1885 年 2 月 18 日由查尔斯·韦伯斯特公司出版

《道林·格雷的画像》

奥斯卡·王尔德

（1891 年）

奥斯卡·王尔德唯一的长篇小说——一篇关于道德与二元性的复杂故事——震惊了维多利亚时期的文艺批评家。不过，王尔德对它的热情辩护以及时间的流逝，终使其被公认为一部杰作。

在 1880 年代，奥斯卡·王尔德（1854—1900）尚未因其创作诸如《温夫人的扇子》《不可儿戏》等诙谐喜剧而成名。除却他所写的少量诗歌，他成名的主要原因是他在美国所作的持续一年的巡回讲座，在此期间他宣扬了唯美主义的哲学与艺术。这一运动坚持艺术应该为其本身而存在，而不应成为道德或金钱的奴仆。因为这种观念，唯美主义与王尔德在当时遭到了广泛的嘲讽。

在写了一段时间的新闻短文与短篇小说后，王尔德在 1890 年写了他的首部，也是唯一的长篇小说，并在一本月刊的 7 月号上将其全部发表。尽管编辑已经背着他删去了一些最耸人听闻的内容，小说仍以其颓废的故事情节震惊了评论家们。

这部小说的一个更长的修订版，由沃德洛克公司于次年出版

在王尔德的故事中，道林·格雷是一位相貌异常俊美的年轻人，在看到由艺术家巴兹尔·霍尔沃德所绘的自己的画像后，他悲叹必然会失去的青春美貌，许愿让他的画像代替他变老。后来，他受到霍尔沃德友人亨利·沃登勋爵鼓动，为充分利用自己的青春过

上了一种堕落淫邪的生活。二十年过去了，格雷发现自己仍然青春永驻，而画像则渐渐发生了变化，映射出了在他享乐无度的这些年中本应在他脸上和身体上留下的沧桑。

正是对格雷寻欢作乐的非道德行为的描写，加之其中有关同性恋的暗示，令全国的文艺批评家们如此震惊。王尔德以其对唯美主义的忠诚坚决地为他的小说辩护。当这部小说于次年出版成书后，他添加了一段以警句写成的序言，捍卫了为艺术而艺术。这段序言也几乎与小说本身一样著名。

这本书的出版正值维多利亚时期恪守道德观念的清教主义鼎盛之际，反响欠佳。它被认为是一本堕落的作品，不适宜敏感的年轻人阅读。实际上，此书的结尾重建了道德秩序：格雷因内疚于他纵情享乐造成的恶果，企图摧毁这幅画像，却在第二天早晨被人发现死在了画像边上。画中的形象变得年轻如初，而格雷的躯体则变得干枯丑陋。艺术与道德获得了胜利。

居于《道林·格雷的画像》核心的公共与私人行为之间的永恒冲突，确保了这本书持久的人气。其引人入胜之处还在于书中对这位耀眼的作者的映射：仅仅五年后，王尔德因与一位年轻的美男子发生同性性行为而锒铛入狱，这件事彻底击垮了他。对于他唯一的长篇小说，奥斯卡·王尔德评论说：“巴兹尔·霍尔沃德是我的自画像，亨利勋爵是世人对我的印象，而道林才是我希望成为的人，也许只是年龄不同。”

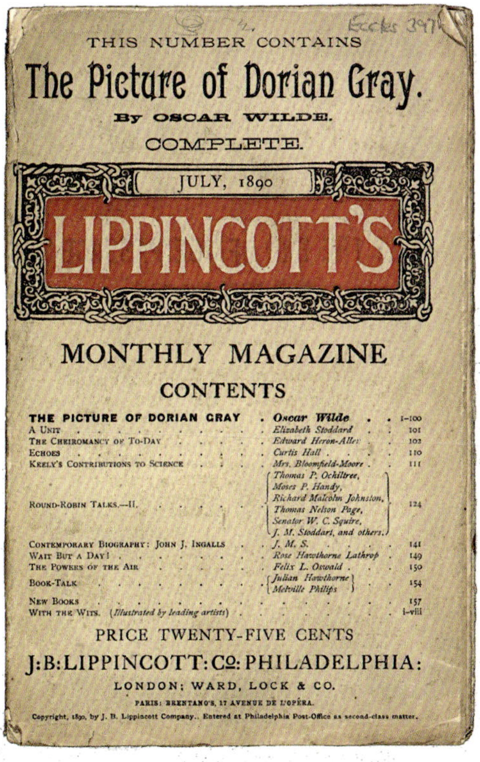

THIS NUMBER CONTAINS

The Picture of Dorian Gray.

By OSCAR WILDE.

COMPLETE.

JULY, 1890

LIPPINCOTT'S

MONTHLY MAGAZINE

CONTENTS

THE PICTURE OF DORIAN GRAY	*Oscar Wilde*	1–100
A UNIT	*Elizabeth Stoddard*	101
THE CHEIROMANCY OF TO-DAY	*Edward Heron-Allen*	102
ECHOES	*Curtis Hall*	110
KEELY'S CONTRIBUTIONS TO SCIENCE	*Mrs. Bloomfield-Moore*	111
ROUND-ROBIN TALKS.—II.	*Thomas P. Ochiltree, Moses P. Handy, Richard Malcolm Johnston, Thomas Nelson Page, Senator W. C. Squire, J. M. Stoddart, and others.*	124
CONTEMPORARY BIOGRAPHY: JOHN J. INGALLS	*J. M. S.*	141
WAIT BUT A DAY!	*Rose Hawthorne Lathrop*	149
THE POWERS OF THE AIR	*Felix L. Oswald*	150
BOOK-TALK	*Julian Hawthorne, Melville Philips*	154
NEW BOOKS		157
WITH THE WITS. (*Illustrated by leading artists*)		i–viii

PRICE TWENTY-FIVE CENTS

J:B:LIPPINCOTT:Co:PHILADELPHIA:

LONDON: WARD, LOCK & CO.

PARIS: BRENTANO'S, 17 AVENUE DE L'OPÉRA.

Copyright, 1890, by J. B. Lippincott Company. Entered at Philadelphia Post-Office as second-class matter.

《道林·格雷的画像》初次问世于《利平科特》杂志 1890 年 7 月号。杂志编辑 J. M. 斯托达特删除了一些他认为会冒犯读者道德情感的段落

《时间机器》

赫伯特·乔治·威尔斯

（1895年）

凭借其处女作——它描绘了公元802701年的反乌托邦未来世界——赫伯特·乔治·威尔斯通俗化了时间旅行的幻想，并且奠定了他科幻小说之父的声名。

时间旅行的想法具有无限的吸引力。有谁不想知道事情会变得怎样呢？又有谁不想矫正过往的错误呢？赫伯特·乔治·威尔斯（1866—1946）并非首位就这一想法做文章的作家。塞缪尔·马登的《二十世纪回忆录》出版于1733年；在距威尔斯生活年代更近的时候，查尔斯·狄更斯已经在他1843年的小说《圣诞颂歌》中将主人公斯克鲁奇送往过去与未来的圣诞夜里了。然而，在一个科学从业余爱好转变成了专业工作的时代，威尔斯是第一位从科学角度构想时间旅行的人。

最初的精装本，由海尼曼出版社出版于1895年

科学是赫伯特·乔治·威尔斯的主业。他在皇家科学院研究科学，曾在学院杂志上发表过短篇小说《时间长河中的寻金毛者》，这也是穿越类小说的首度尝试。他做了一阵子教师，其第一本个人著作为《生物学教科书》。在为杂志撰写了一段时间的滑稽文章后，他写下了其首部完整的科幻作品——《时间机器》。

书中一位姓名不详的发明家旅行到了

未来。全书大部分章节都在描述他在未来世界中的探险经过。这个世界居住着两类人形物种：慵懒、天真的埃洛伊人与嗜血成性、穴居地下的莫洛克人。这两个族群的种种活动，也使得《时间机器》不啻为一场奇幻冒险，更是一则强有力的政治寓言。

赫伯特·乔治·威尔斯是一位坚定的社会主义者，他对维多利亚社会的阶级分化状况颇为不满。莫洛克人是工人阶级的后裔，深陷漆黑的工厂已经太久，所以他们在未来只能生活在地下。埃洛伊人演化自精英资本家，他们统治了太久以致丧失了其智能以及对世界的兴趣。在《时间机器》中，工人们起来反对统治阶级，并且在夜深的时候捕食资本家。

如果人们想批评他们自己所处的社会，为自己的故事安置一个遥远的时空背景会有所帮助。《格列佛游记》凭借虚构了一系列奇异的国度成功地讽刺了乔纳森·斯威夫特所处的时代；《时间机器》则是靠虚构了一个奇特的时代达到了同样的目的。

这本书对未来的看法极为悲观，并且对资本主义与共产主义均做了评注。小说结束于这位时间旅行者再次向未来飞去，却只看到三千万年后的星球已濒临死亡。威尔斯的小说设想了自己时代的科学与社会趋势如果不加控制可能会造成的结果。

《时间机器》衍生出了由其他作家所著的二十余部续篇，并且激发了无数探讨时间弯曲的科幻小说。穿越至过去与未来的魅力依旧是永恒的。

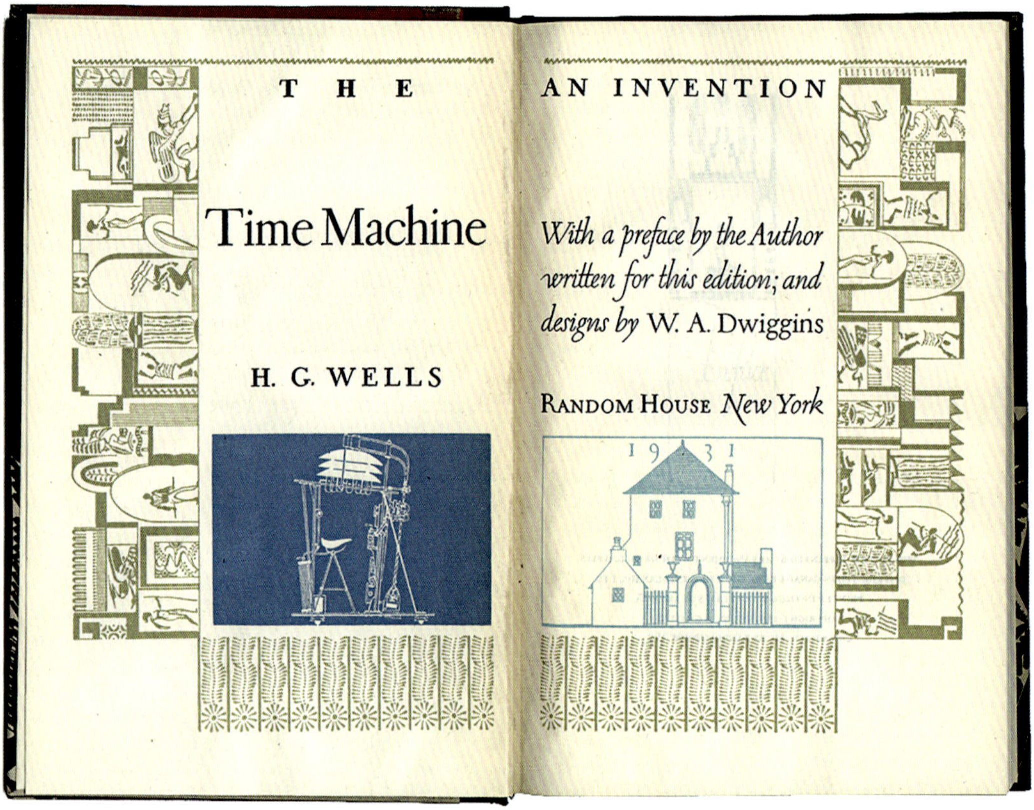

1931 年的版本，附有 W. A. 德威金斯的插图，由兰登书屋出版

《释梦》

西格蒙德·弗洛伊德

（1899年）

一位维也纳精神病医师长久以来对梦的兴趣，引领他发展出通过释梦来揭示潜藏的人类无意识层面的新理论。解析病人混乱的梦，正是他研究人类心智的一项手段，他称之为“精神分析”。

西格蒙德·弗洛伊德（1856—1939）医师对怪异、混乱的梦抱有强烈的兴趣。1882年，他回想自己在父亲去世后做的梦，并在笔记中这样写道：“梦因而来源于在生者中不断滋长的自责倾向。”他还开始鼓励他的病人讲出他们的梦，要求他们无所忌讳地把任何关于他们所做之梦的联想告诉他。他开始将梦视为揭示人心中至深恐惧、期望和幻想的重要而隐匿的线索。

在一处避暑胜地度假期间，他决定就这一主题开展正式的研究工作。1897年，他开始将他从一些案例研究中收集到的想法和发现进行汇总。

首个英译本，由生于奥地利的精神病学家A. A.布里尔翻译，出版于1913年

两年后，他发表了六十二页的专题论文《释梦》，在其中他创立了一套新理论，称梦是愿望满足的一种形式，通常由在前日发生的事件沉积而成，他称之为“日常琐事的残留”。

他写道：“我将在下文中，证明有一种可能解释梦的心理技术，这种技术如果得到应用，则每一个梦都可显示一种具有意义的精神结构，且与清醒生活的心理活动中某一点具有特殊联系。”

弗洛伊德声称梦具有两层含义：其显相内容与其更深、更本真和隐含的意义。他称后者为梦的“隐相内容”。

弗洛伊德推理说，人心灵中被他称为“审查员”的那一部分修改着我们的梦，掩盖了真实的内容，以便让我们能够保持睡眠状态。梦的功能就好比“睡眠的守护者”。这一“梦的工作”是通过一系列不同的、无意识的加工进行的。

通过“移置”，一件梦中客体的情感含义被从其所属的实在的客体或内容中剥离开来，转而附加到了一个完全不同的、不会引起审查员怀疑的客体之上；凝缩能够使一件梦的客体同时涵盖若干联想和思绪；象征化借用一个符号来替换一个行为、人或想法；具象化则将思维转换成视觉图像。

他将梦解释为愿望的满足，并且勾勒出了一个或许可用来对梦做适当解释的新框架。对弗洛伊德来说，一个未经分析的梦就好像是一封未拆封的信件。

弗洛伊德的这篇论文起初几乎无人问津，首版总计印刷了600册，八年都还未售罄。但它是弗洛伊德的个人至爱，他在每个新版中都继续修改和扩充了书中的内容，最后一版出版于1930年。1920年代以来，它开始被认定是精神分析学的重要作品，时至今日，它被普遍认为是弗洛伊德最具影响力的作品之一。

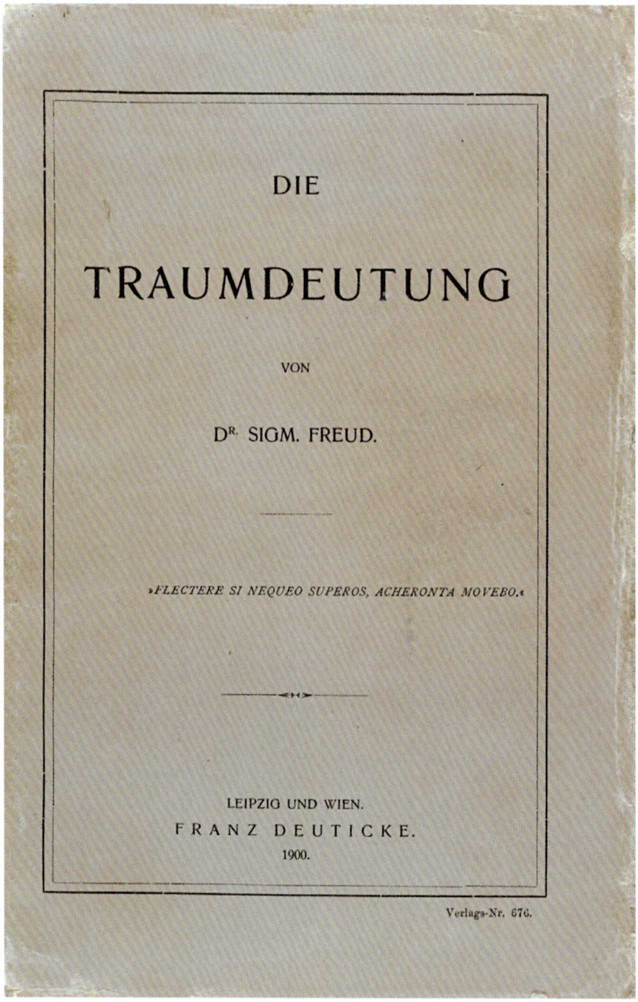
DIE

TRAUMDEUTUNG

VON

DR. SIGM. FREUD.

»FLECTERE SI NEQUEO SUPEROS, ACHERONTA MOVEBO.«

LEIPZIG UND WIEN.
FRANZ DEUTICKE.
1900.

Verlags-Nr. 676.

虽然日期写为1900年，《释梦》实则首次出版于1899年11月

《追忆似水年华》

马塞尔·普鲁斯特

（1913 年至 1927 年）

这是一部有着数卷篇幅的庞杂的小说，还是一部关于逝去记忆的回忆录？普鲁斯特的实验性杰作现今被视为 20 世纪初最重要的虚构类作品之一。

马塞尔·普鲁斯特（1871—1922）生于巴黎的农郊，他终生都因健康状态不佳而备受困扰。孱弱的身体妨碍了他的教育、就业以及写作。他早年创作的小说《让·桑特伊》一直都未能写完，就足以证明这点。他的传记作者们将他描述为一个业余爱好者：得益于家境富裕，他能够涉猎广博，而又无需献身于某个特定的事务。不过，没有人会怀疑他为《追忆似水年华》这部一百二十万字的巨著投注了全部的心血。

1903 年和 1905 年，他的父母相继过世，这似乎驱策他更严肃地对待写作。1904 年，他翻译发表了英国艺术批评家约翰·罗斯金的一部作品，受到广泛的好评。有了罗斯金关于社会中的艺术的观点作为支持，普鲁斯特重温了《让·桑特伊》的主题。自 1909 年起，一部题为《追忆似水年华》的新小说开始从他的笔端浮现。这部作品耗费了他的整个余生，他去世后，最后三卷才得以出版。

原本的书名更准确的翻译应为 *In Search of Lost Time*。英文书名 *Remembrance of Things Past* 来源于莎士比亚的一首有关记忆与丧失的十四行诗，斯科特·蒙克利夫将其选为书的题名。他于 1920 年代首次将这部书翻译

成英文。

记忆与丧失确乎是普鲁斯特这部书的主题。其中，一位自许为作家的无名叙事者事无巨细地描述了他平淡的人生。他懊悔时光的虚耗，又欣喜于借助记忆的力量而重获的时间。记忆的阀门总是在不经意间因一些特别突然而又寻常的琐事被打开。这其中最有名的，发生在第一卷《在斯万家那边》：叙事者将一块小玛德莱娜蛋糕泡进他的茶中，那滋味将他带回到童年，那时他的姨妈曾给他吃过这种点心。

在叙事者身上未曾发生什么重要的大事。他坠入爱河后又失恋，清谈其他事情以及沉思艺术。书中并没有戏剧性事件，也没有传统意义上的情节推进。因此，学者们仍在争论它到底是否还是一部传统的小说。然而，它也不是一部真正的回忆录。虽然在叙事者与普鲁斯特之间，以及在叙述者的熟人们与普鲁斯特的熟人们之间，存在非常多的相似之处，但它无疑是一部虚构之作。

最重要的是，无论是对主题的探讨，还是描述性的段落，它的文笔都至为优美，堪称一件艺术品，这为它赢得了作为第一部现代小说的殊荣。这正是罗斯金之道：凭借引人深思的写作，普鲁斯特与他笔下的叙事者不仅成了作者，更成了艺术大师。

普鲁斯特的杰作在1913年到1927年间分十三卷出版。起初在遭遇包括伽利马在内的多家出版社拒绝后，普鲁斯特自费出版了第一卷。伽利马在意识到了自己的错误后，诚邀普鲁斯特在里兹饭店共进晚餐，并且陆续出版了这部宏伟巨著的剩余各卷

《海陆的起源》

阿尔弗雷德·魏格纳

（1915 年）

《海陆的起源》永远改变了人们对我们这颗行星的认识。然而，五十年过去后，阿尔弗雷德·魏格纳的板块构造说才被地质学家们所接受。

阿尔弗雷德·魏格纳（1880—1930）念的是天文学，却对地球物理学、气候学和气象学始终保持着浓厚的兴趣。他的首部著作《大气热力学》完成于他在 1906 年至 1908 年赴格陵兰岛考察之后。他在格陵兰岛建立了一座气象观察站，并且率先使用气象气球来追踪极地的大气环流。

魏格纳不经意间在一张地图上发现了非洲西部的海岸线可以和南美洲东部的海岸线拼接成一块。随着进一步的研究，他发现两块大陆的同一位置上有着相同的地质特征，如山脉分布和煤矿储量等，就好像这两块大陆曾经是连在一起的一样。举例来说，巴西圣卡塔琳娜州的岩层序列与南非卡鲁地区的岩层序列相吻合。他说，这就好比我们可以通过对齐印刷文字行列将一张撕破的报纸拼接起来一样。

1915 年出版的第一版，此后《海陆的起源》又于 1920 年、1922 年和 1929 年陆续出版了几个增补版

魏格纳还观察到这两块被无数英里宽的大洋分隔开的大陆上有着相同的物种化石。此外，也有在不适宜某物种生存的气候区里发现了该物种化石的情况，例如在挪威的斯匹次卑尔根就发现了热带蕨类植物的化石。

当时传统的地质学理论认为大陆都是原封不动的。大洋两侧具有的相同特征被解释为曾存在一些将大陆连接起来、令物种得以通过的陆桥，而这些陆桥现今已经沉没或被侵蚀了。魏格纳无法将这种解释与大陆一直在起落的事实以及一种被称为地壳均衡的现象相互协调。于是，他开始发展出一套新思想，认为大陆自身一直在地球表面上缓慢移动，不停地分离和相互碰撞。他还认为现今的各大陆曾经是连接在一起的，他将这个超级大陆称为“泛大陆”。

1914 年战争爆发伊始，魏格纳就应征入伍。他于 1915 年养伤期间，首次发表了他的大陆漂移理论——《海陆的起源》。然而在这场国际性冲突正进行得如火如荼之际，这本书几乎无人问津。战后，此书的第二版和第三版分别于 1920 年和 1922 年出版，后一版首次被广泛地翻译成了各种语言。他在每一版中都加入了更多能够支持其理论的证据。

然而，魏格纳提出的意见却遭到了地质学界人士的讪笑，仅仅因为他并不是科班出身，而且他的理论还打破了传统的地质学规则。

魏格纳于 1929 年出版了更新后的第四版《海陆的起源》，次年他再次前往格陵兰岛进行科学考察，并于途中罹难。1953 年，新兴的古地磁学证明了印度曾经位于南半球，支持了魏格纳将近四十年前的言论。对大西洋中脊这一两大板块相遇之处的研究，也证明了魏格纳的理论。1964 年，皇家学会就板块构造问题召开了一场学术研讨会，魏格纳启发性的洞见这才最终得到了公认。

魏格纳于 1913 年第二次赴格陵兰岛考察时的照片。他也是首位在格陵兰岛冰原度过整个冬天的人

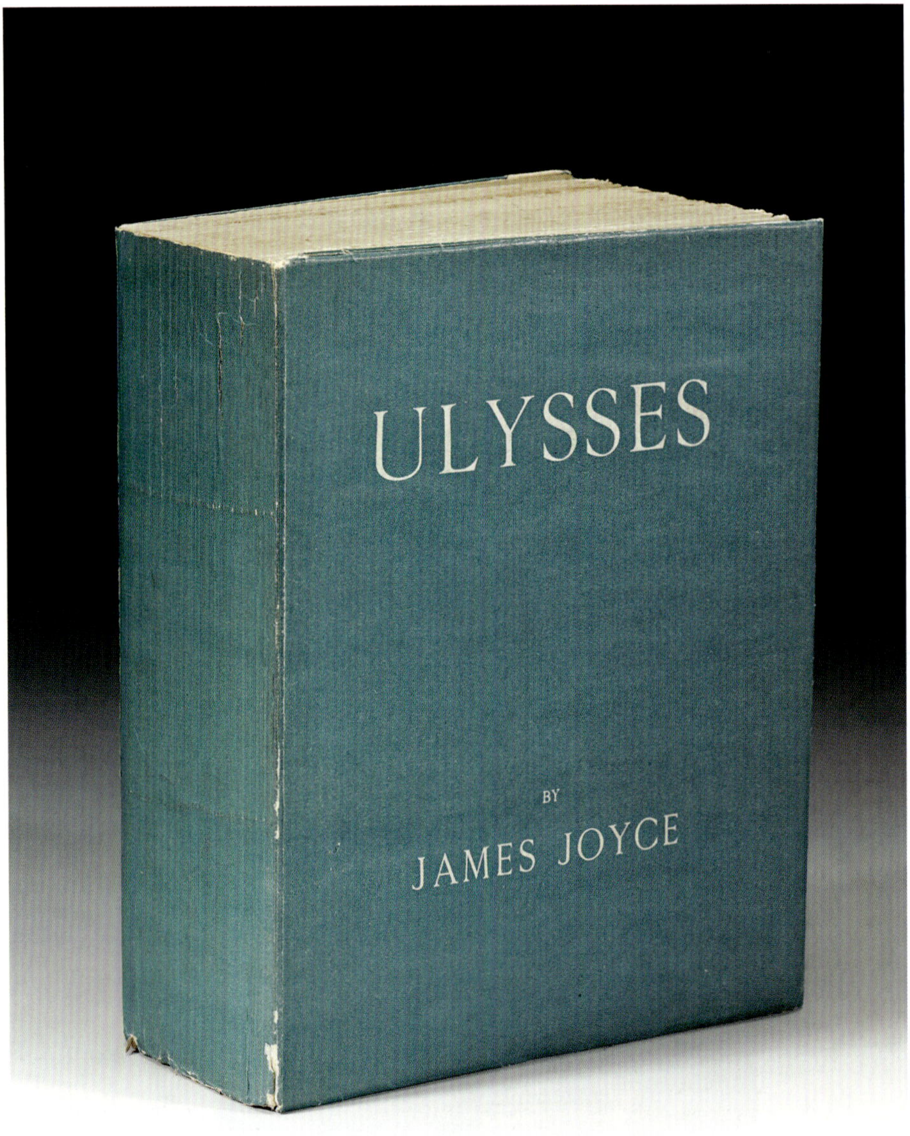

《尤利西斯》最初于1922年由莎士比亚书店在巴黎出版

《诉讼》

弗朗茨·卡夫卡

（1925 年）

这部作品是卡夫卡对现代社会异化感的深思，创作于那场惨无人道的大战的初期，在近一个世纪后仍然具有重要意义。这部令人难忘的存在主义经典，为人何以为人的问题，提供了一个阴郁却极具说服力的理解。

弗朗茨·卡夫卡对异化的意识，大多来自他所生活的那个世界。他出生于布拉格，是一个生活在奥匈帝国的捷克人，在捷克人中他是一个讲德语的人，在德语使用者中他是一个犹太人，而在犹太人中他又是一个丧失信仰的犹太人，同时他还是个素食主义者。1914 年，他开始写作《诉讼》的时候，他刚搬离父母家，过着独居生活。

在《诉讼》中，卡夫卡（1883—1924）呈现了足以编织出一场完整噩梦的全部要素：令人困惑的情形、陌生的场所、迷宫般的走廊和房间、莫名的威胁以及无能为力，这一切都指向了一场不可避免的灾祸。主人公约瑟夫·K 遭到拘捕，虽然 K 和读者都不清楚他到底犯了什么罪。大量篇幅展现了 K 徒劳无功地试图掌控局面以及与那个将要审判他的法庭交涉。最终，他接受了自己不可避免的宿命，也就是死亡。他无力战胜命运，也无法克服人类的弱点。

首个英译本，由阿尔弗雷德·克诺夫于 1937 年在纽约出版

《诉讼》可以从许多层面解读。表面上，它是对国家机器密不透风的官僚政治的讽刺。仅仅服从政府的命令，要比挑战它们来得容易得多。在德语中，原标题“Der Prozess”同时具有“法律诉讼”和“过程”的双重含义。K 对解释的追寻，也可以被看成是人生的隐喻，因

而不是佛学上的造诣。实际上，他是一位富有的美国房地产经纪人和业余民俗学家，并不认识藏语或梵语，不过在他旅居印度期间，他从一位英国军官手中获得了一些古老的藏文手稿。

温茨对这部文献极感兴趣，他雇用了一位译者——喇嘛卡孜·达瓦桑珠，两人在一起花费了两个月的时间抄写讨论这些文献，然而温茨向出版社呈交书稿时，只字未提这位译者。

《西藏度亡经》出版后不久，就立刻引起了著名心理学家卡尔·荣格（1875—1961）的注意，他在自己的一些著作中引用了此书。1964年，蒂莫西·利里、拉夫·梅茨纳和理查德·艾尔帕在《迷幻体验》中改写此书，提出了一条通过迷幻药物达到开悟状态的捷径。围绕着《西藏度亡经》的传说也影响了许多音乐人，包括约翰·列侬、莱昂纳德·科恩和大卫·鲍伊。

如上所示的传统彩色印刷描绘了书中所写的一百位据说会在“中阴”阶段造访死者的安宁与愤怒的神祇

1960年代以来，包括意大利人朱佩塞·图奇（1894—1984）、西藏喇嘛邱阳创巴（1939—1987）在内的藏学家又出版了一些新版本和译本。其他重要版本包括罗伯特·瑟曼和久美多杰的英译本。

《西藏度亡经》是佛家智慧的基石，对死亡有着极为深刻的洞见。其所传达的宗旨正是：死之艺术与生之艺术同等重要。

《查泰莱夫人的情人》

D. H. 劳伦斯

（1928 年）

这是一篇引发高度争议的故事，涉及阶级和智性，同时不可避免地涉及了性。D. H. 劳伦斯最后的这部小说之所以备受称道，既因为其对社会和智识分歧的探究，亦在于其对出版界限的拓宽。

众所周知，《查泰莱夫人的情人》是英国 1959 年《淫秽出版物法》颁布后第一本被起诉的书籍。粗俗的语言以及书中对查泰莱夫人与看林人梅勒斯交欢场面的详细露骨描写，使其在日本、澳大利亚、美国和英国被禁止发行。

1928 年，D. H. 劳伦斯（1885—1930）在被自己的出版商拒绝后，不得不在佛罗伦萨私下刊印这本小说。在很多国家，只有删节本或是在黑市上流通的版本才可以购得，直到企鹅出版社于 1960 年发行了一个未删节的版本，公然挑战了英国的现行新法。企鹅出版社被告上了法庭，但这本书却摆脱了淫秽出版物的控诉。这一重大判决为各种露骨的创作素材扫清了道路，并且促成了 1960 年代性解放运动的到来。然而，该书作为“精致包装的色情文学”的名声，却在审判中被确立了下来，这不仅使其销量激增到了 300 万册，同时也掩盖了小说真正的文学价值。

1928 年在意大利佛罗伦萨的私印本

小说的情节开始于康妮·查泰莱不满她与性无能、高傲的商人克利夫·查泰莱爵士之间缺少爱情的婚姻。康妮是一位聪慧、感性的女人，她在梅勒斯身上找到了共鸣。他们在查泰莱庄园的一间林间小屋中的激情邂逅，与克利夫对护士博尔顿夫人被动、孩子气的依赖形成了鲜明的对比。康妮最终怀上了梅勒斯的骨肉，然而所有的角色都未能有一个完满的结局：克利夫在知悉了全部情况后拒绝和康妮离婚，而后者已经离开了他；梅勒斯被解雇并等着与其早已疏远的妻子离婚；查泰莱夫人住进了姐姐家，没有和情人在一起，她必须抱着期望继续等待下去。

过于悲观的结局削减了全书整体上更为积极的主题。劳伦斯主张爱情就是灵与肉的完满结合。它取决于双方具有同等的激情，而不是同等的社会地位。此外，克利夫还象征着冰冷、生硬、摧残自然环境与人性的工业现代性。另一方面，康妮和梅勒斯则代表了自然、人性以及野性，这既表现在他们对自然风景的陶醉中，也表现在他们在林地间做爱的时刻里。

D. H. 劳伦斯只写了四部长篇小说，每一部都涉及了工业化时代建立人类关系的可能性问题。他是一位现实主义者，是无可比拟的对工人阶级生活与情感的详细记录者；然而，他也是一位浪漫主义者。工业化与自然之间的冲突一直是贯穿 19 世纪浪漫主义小说的主题。由于他大胆的性描写，在他去世时，相当多的讣告将他误认作是一个纯粹的情色文学作家。随着时间的流逝，他得到了新的评价。他的作品也自然地跻身那个由奥斯丁、狄更斯、勃朗特姐妹及哈代构成的伟大的英国文学传统。

首个未删节的版本，由企鹅出版社出版于 1960 年。它成了一场有着分水岭意义的淫秽出版物审判的对象，并且一夜之间变成了大众畅销读物。企鹅出版社在 1961 年发行的第二版中包含了这样一段话：“为了出版这本书，企鹅出版社自 1960 年 10 月 20 日至 11 月 2 日间在伦敦中央刑事法院，被控违反了 1959 年《淫秽出版物法》。这一版因而要特别献给十二位陪审团成员，其中有三位女士和九位男士。是他们作出了‘无罪’裁定，使 D. H. 劳伦斯的最后一部小说能够在英国与公众见面。”

《西线无战事》

埃里希·玛利亚·雷马克

（1929年）

《西线无战事》无情地记录了战争对前线年轻士兵所造成的心灵摧残。首版以来，它已售出超过5000万册。然而，它也是第一批被纳粹定性为“颓废”书籍中的一部，于1933年被当众焚毁。

1916年，出生于德国的埃里希·玛利亚·雷马克（1898—1970）刚满十八周岁，就从军前往了法国北方的西线战场。《西线无战事》中的大部分内容具有自传性质，无疑是基于作者的亲身经历。本书的叙述者是主人公保罗·博伊默尔，十九岁时他与他的几位同学一道应征入伍。

小说描写了前线的生活以及保罗同伴的接连惨死，在描述可怕的伤亡时毫无掩饰。虽然雷马克在序言中强调他无意于摆明任何政治观点，然而他的角色却在不断地质疑煽动冲突的民族主义思想。士兵们的真正敌人并不是“敌军”，而是那些远离战场前线的掌权者。士兵们相互厮杀并非出于任何意识形态上的目的，而只是单纯地避免被别人杀死。书中的一处关键性段落写到保罗在一场短兵相接中第一次亲手捅伤了一名法国步兵，事后又极度懊悔自己的本能行为。他为这名法国兵包扎伤口，但也只能眼睁睁看着他缓慢死亡。在书中的另一段中，保罗同样同情身为“敌人”的俄国俘虏。

1930年格罗塞特与邓拉普出版社于纽约发行的版本。这一版本号称未删节版，因为它包含了一段记叙部队造访一处公共厕所情景的文字。这段文字起初被利特尔·布朗出版社（《西线无战事》最初的美国出版商）删去，因为他们担心这段描写可能会触怒读者

传统的战争小说美化了英雄主义与爱国主义。雷马克则为读者呈

现了现代战争的严酷现实：枪支、坦克和飞机等机械的使用使杀戮变得更为轻巧。第一次世界大战以其伤亡之多与规模之巨，远非此前的战争能够相比，完全剥夺了参战者的人性。

《西线无战事》记录了在如此可怕的屠杀面前士兵情感上的断裂。任何时刻你都有可能遭遇横死，因此你也只是眼下还活着而已。“再见”成了最难说出口的话。人们斩断了和家庭与朋友的联系，斩断了对往昔的回忆和对未来的期许。残存下来的唯一一丝人性，仅在于战友间的紧密团结。

雷马克发觉出版商对出版此书犹疑不决，此时离德国在一战中战败已有十年，他们担心很少会有人愿意激起对那时的回忆。因此，《西线无战事》转而在 1928 年的最后两个月间开始连载于柏林的一家日报《福斯报》上，在受到读者的热烈欢迎后，翌年才以图书形式出版。《西线无战事》立刻在国际上大获成功，被翻译成了二十多种语言，并且在其出版后最初的十八个月里就卖出了 250 万册。早在 1930 年，美国就上映了一部改编自《西线无战事》的电影，获得了五项奥斯卡提名，并且赢得了其中的三项，包括最佳影片奖和最佳导演奖。

值得注意的是，在诸如美国和英国等可能不太能够对一位敌国士兵的创伤抱有同情的国家，《西线无战事》也取得了巨大成功。雷马克的这部杰作经久不衰，正是因为它向世人传达了一个普世性的讯息：战争对于所有参战的人来说都是地狱，以及根本上，四海之内皆应为兄弟。

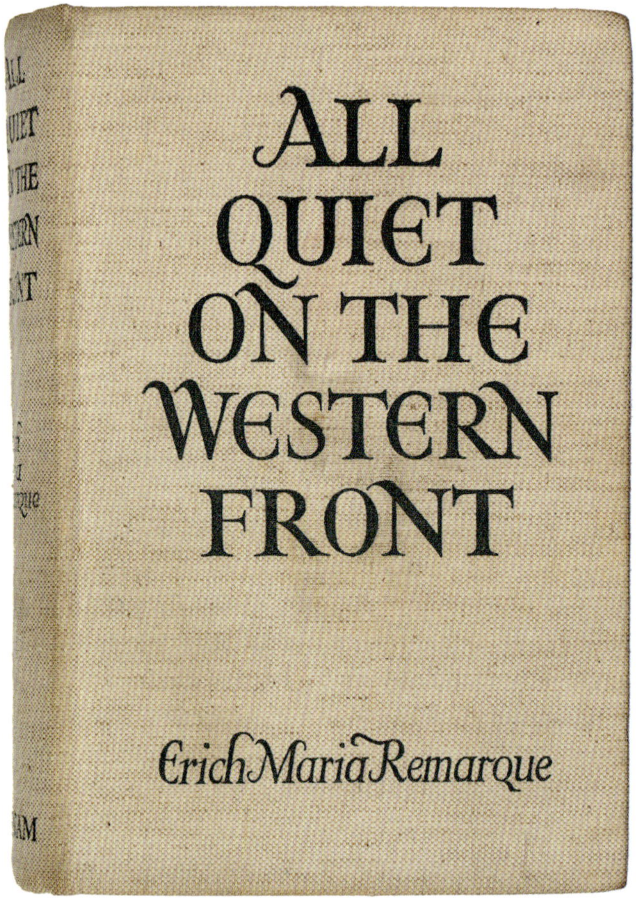

在英国出版的首个版本，由帕特南出版社出版于 1929 年

《就业、利息和货币通论》

约翰·梅纳德·凯恩斯

（1936 年）

这本书写于大萧条的低谷时期。在大规模失业正在威胁资本主义体制的存续之际，一位杰出的英国经济学家提出了一套大胆的理论：政府必须承担更多的公共工程以及财政赤字。他的书挑战了先前的路数，深刻地改变了未来数十年间的现代经济。

尽管全世界都已陷入经济萧条，剑桥大学的约翰·梅纳德·凯恩斯教授（1883—1946）仍然非常乐观。他在 1930 年写道，解决之道并非将生产资料国有化，而是为资本主义体系搞到“一台新的交流电发电机，而无需一辆全新的汽车”。基于他对失业、货币与价格之间关系的研究，他撰写了一部著作，并告知其友人萧伯纳，称之“将会改变世界对经济问题的看法”。

摄于 1920 年代末的凯恩斯照片。伯特兰·罗素称，凯恩斯是他所遇见过的人中最睿智的一位：“我和他论辩的时候，会觉得非常危险，经常觉得自己像个傻瓜。”

他的巨著《就业、利息和货币通论》于 1936 年 2 月以英语、德语、日语和法语出版。

“我将本书命名为‘就业、利息和货币通论’，”他写道，“重点在于置前的‘通’字。这一命名的用意在于将我的论证和结论的特征，同古典理论对于同一问题的论证和结论的特征加以对照，而我本人是在这一理论下成长起来的……我将要论证的是：古典理论的假定只适用于特殊情形而非一般情形……古典理论所假定的特殊情形的特性，恰恰不是我们实际生活于其中的经济社会的特性。如果我们试图将古典理论的教义运用于经验事实，我们将会误入歧途，甚至步入灾难。”

凯恩斯提倡一种新的方法以应对由经济萧条所产生的失业问题。他主张就业水平并非由劳动价格所决定，而是由消费所决定，这样说来，认为自由竞争市场能够实现充分就业的想法也是错误的了。政府反倒应该实施更多的公共工程项目，以及诉诸更多的赤字性支出，直至危机有所缓解。他还赞成降低长期利率以及改革国际货币体系等结构性调整措施，以鼓励私人部门的投资与消费。

此书出版几年后，第二次世界大战爆发。战争结束后，许多分析人士都认为政府的公共工程建设以及军事支出为遏制经济萧条所起的积极作用，验证了凯恩斯理论的正确性。凯恩斯主义的经济学也受到了西方各国政府的广泛欢迎。

诺贝尔经济学奖获得者、《纽约时报》专栏作家保罗·克鲁格曼，将凯恩斯的著作与为数不多的其他经济学著作一道，列为改变了人们看待世界方式的书籍。《时代周刊》将凯恩斯选入 20 世纪最具影响力的人物名单中，并且评论道：“他建议政府采用赤字性支出的激进思想，拯救了资本主义。”

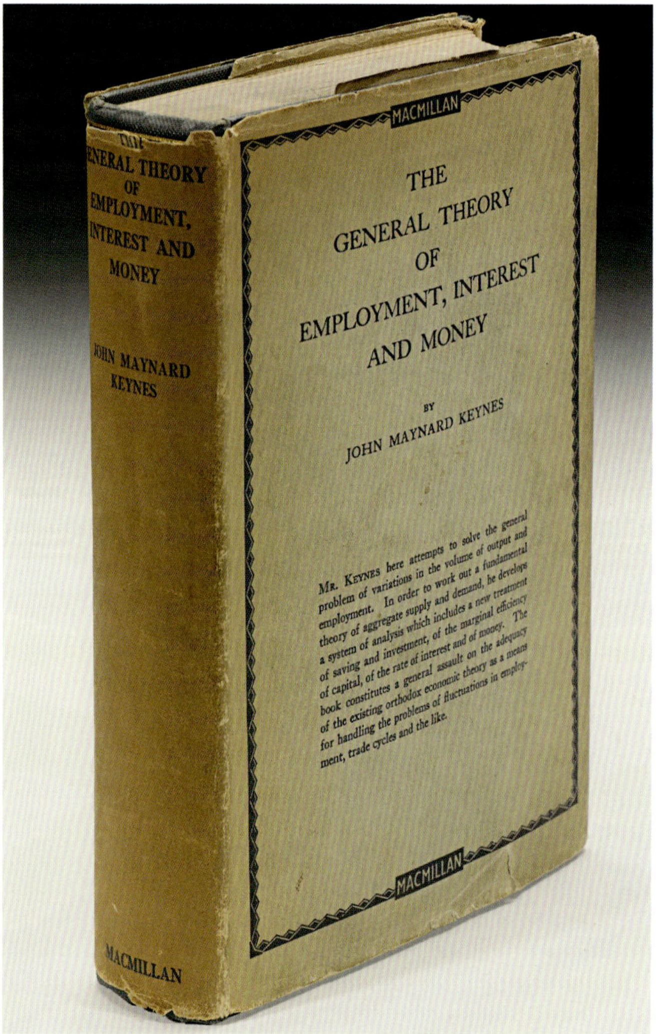

该书初版

《如何赢得友谊及影响他人》

戴尔·卡内基

（1936 年）

最早的自我帮助类书籍。戴尔·卡内基的这本为实现美国梦的通俗哲学指南，自其出版以来就成了无数人的模板。它赢得了数以百万计的朋友，也影响了数以百万计的人。

戴尔·卡内基（1888—1955）生于密苏里州的一处自耕农场。在早晚给牛挤奶的空档，他在当地的学院上课。后来他开始在一家芝加哥的肉食公司做起了旅行推销员，并成了该公司的高级代表。在意识到自己口才上的能力之后，他开始梦想自己能成为演说家，后来他又梦想着成为演员，为此他去美国戏剧学院深造。然而他并未能找到任何演艺工作，1912 年起他开始在纽约的基督教青年会教授公开演讲。很明显，在推动人们树立自信这方面，存在着一个未被开发的市场。

其他城市的基督教青年会也开始主办卡内基的课程，他最终在卡内基音乐大厅（以成功人士苏格兰移民安德鲁·卡内基命名）做了有关公开演讲的讲演，全场座无虚席。和与他同姓的那位一样，戴尔·卡内基深谙如何激发人们的积极性——更确切地说，如何与他人做生意。他创立了戴尔·卡内基研究所，基于自己的思想开设培训课程。当一位来自西蒙与舒斯特出版社的速记员向他呈交了一份他在卡内基音乐厅所作演讲的文字记录时，他意识到自己已经有了足够出书的素材。

《如何赢得友谊及影响他人》出版于 1936 年 10 月，立刻就成了畅销书。最初的营销策略（将 500 册寄给卡内基研究所课程的毕业学员）的结果是 5000 册售出。其声名迅速流传开来，在前三个月间，总共售出了 25 万册。在第一年中，这部书历经了多次重印和十七次再版，因为卡内基总是在不停地修改他的文字。时至今日，它每年仍能售出 30 万册。

卡内基的建议最初分为六个部分：如何处理人际关系；如何使他人喜欢自己；如何使他人以你的方式思考；如何领导他人；如何写信；以及最后，如何过上更幸福的家庭生活。在这些大标题之间，他又提出了大约40条简单原则，用来提升你的成功几率。这都是一些通俗、接地气的小窍门，譬如：要记住他人的姓名；要时刻保持微笑；要做一个好的聆听者；要真诚地欣赏他人，而不是消极地批评别人；要承认自己的错误，而不要指出别人的错误；要换位思考；要学会鼓励和恭敬；要避免争论。

卡内基实际上是在向人们兜售人性的至善一面，这是来自农夫之子的阿甘式智慧。这些都是人们伏在自己父母的膝盖上时学到过的处世之道，只是可能因为身处于大萧条的绝望岁月，人们忘记了它们。通过将这些处世之道应用于商业实践，卡内基深入到了美国梦的核心——良好的举止和勤勉的工作能换来繁荣、成功与自由。

迄今为止，这本书已经被翻译成了30种语言，并且累计销售了超过3000万册。据说在苏联解体后的头十年，在举国上下开始拥抱企业精神的俄罗斯，有大约70种不同版本的《如何赢得友谊及影响他人》得到出版。这本书催生了一个全新的出版物类别，并且影响了不计其数的同类作品。

一册印有出版号的“我们时代最流行的非虚构作品”。1937年的这次重印编号为469143。它在前三个月内卖出了25万册，时至今日大约总共售出了逾3000万册

《斯波克育儿经》

（1946 年）

一部恰逢其时出现的、敏感但常识性的婴幼儿保健手册，成了美国历史上最畅销的书籍之一，并且改变了其后一代又一代的社会。

第二次世界大战的结束在美国引起了一场历史性的“婴儿潮”，因为那些推迟结婚与生育的美国人不再受制于经济萧条、时代和服兵役的束缚。然而战后社会风尚的变迁，也急需一套现代化的育儿指导。

本杰明·麦克莱恩·斯波克（1903—1998）是一位美国的儿科医师，曾于耶鲁与纽约求学，并于1929 年以班级第一名的成绩毕业于哥伦比亚大学医学院。他曾在赛艇项目上获得过奥运会奖牌，并且对文学与弗洛伊德的理论抱有浓厚兴趣。他也是首位认真研究精神分析，并将之应用于儿童与家长的儿科医师。

1927 年，他娶了简·切尼为妻，后者成了他的研究助手，并帮助他完成了著作——《婴幼儿保健常识》，后来被通称为《斯波克育儿经》。该书于 1946 年由迪尤尔、斯隆与皮尔斯出版社初版。

与他自己所接受的传统教育背道而驰，他以一句宽慰人心的话作为全书的开场白：“相信你自己，你知道的比你想象中的还要多。”他给出的全面而实用的建议囊括了全部问题的处理方法，从应对疝气到训练儿童使用厕所，从处理孩子乱发脾气到解决手足相争。“最好让填充动物玩具远离婴儿床或摇篮，”他写道，“小孩子不会太留心它们，而它们可

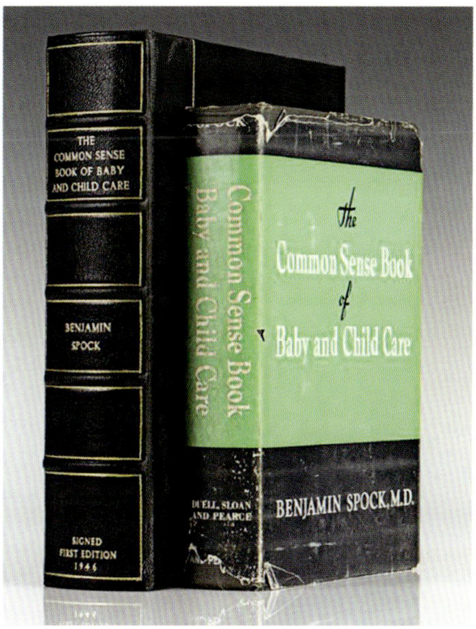

最初的精装本

能会造成儿童窒息。”

他不提倡顺从、纪律和惩罚，而是倡导宽容、情感表达以及对孩子的支持。这些想法在当时被一些评论家认为是激进和离经叛道的。

他呼吁年轻的母亲都应该充满爱心，细心且保持乐观，他建议：“为你自己制定一份时间表，如果有必要的话可以记在纸上，规定好你在自己宝贝醒着的时候要有家务或其他事务要忙。你就去做并且还闹出很大的声响，这会给你自己以及你的孩子留下深刻印象。”

他认为一个受到父母欣赏的孩子，“即便他们相貌平平，抑或有些笨拙迟钝，也能在成长过程中树立起自信。……他们会具备这样的精神：能够充分利用他们具有的一切能力以及所遇到的一切机遇。他们将不会在意那些对他们不利的因素。”

斯波克在20世纪六七十年代再次脱颖而出，成了一位显著的政治活动家，积极投身于民权以及反战运动中，在越南战争以及其他时期领导示威人群，反对使用核武器及征兵制度。“让孩子们幸福、安稳地长大还远远不够，”他说道，“还需要给他们一个像样的世界。”

由于他的直言不讳，他受到了诸如诺曼·文森特·皮尔博士以及比利·格雷厄姆牧师等传统道德捍卫者的抨击，并且受到了来自政界人士的斥责。美国副总统斯皮罗·阿格纽就指责他过分“悲观”，说他正在培育叛逆的下一代。

尽管存在这些批评，时至今日，《育儿经》的42种语言的不同版本总共已售出了超过5000万册，成了史上最畅销的图书之一。许多父母将其视为家庭的《圣经》，现在，它仍会以新版本的形式继续出版。

四本再版的平装本。《斯波克育儿经》是 20 世纪美国最畅销的非虚构图书

《金赛性学报告》

（1948 年，1953 年）

一位印第安纳州的动物学教授耗时多年，采访了许多陌生人以了解他们的性习惯，之后发表了两份研究报告详尽记录了谈话内容。这两本书让性走出了阴暗的角落，同时挑战了一些有关两性问题的传统观念，因而促成了美国性革命的到来。

阿尔弗雷德·查尔斯·金赛（1894—1956）在印第安纳大学教授婚姻课程时，便开始收集个人性史的资料。自 1941 年起，他从长期关注性社会问题的、有洛克菲勒家族背景的慈善机构获取了研究经费。这笔资金使“金赛性、性别与生殖研究所”得以编写出一部综合报告。这份报告于 1948 年出版，即《人类男性性行为》。

这部 800 页的巨著包含了文字及各类图表，记录了 12000 份临床访谈结果。受访者包含了各个年龄段、职业和社会背景的男性，一支研究团队调查了他们的性行为和性偏好。

一位《纽约时报》的评论家审慎地评价说，这本书读起来和写起来一样艰难：“说它难，是因为其主题过多；说它难，是因为它涉及的是人类最基本的生殖驱力，这和求生欲一样的强烈；说它难，还因为我们有着偏见、禁忌和染上个人经验色彩的先入之见，这些都让我们只能认识到一些细枝末节的东西，而无法得到整体性的观念。”

这本书提供了一份异常诚实的有关战后当代美国男性性观念的统计概要，记录了大多数人初次获得性体验的时间，手淫的频繁程度，婚前、婚后和婚外的性行为模式以及他们同性性经验的程度。其对同性性行为的一条评论在当时颇具争议：“男性不代表能分为两个不同群体：偏好同性的和偏好异性的。”他写道，“世上的事情并非总是非黑即白，羊也不是生来就被分成山羊和绵羊……一旦我们认识到人类的性行为亦是如此，我们也就能对性的现实状况有一个更透彻的理解”。然而，公众对这份报告的评价却是褒贬不一，一些精神病学家抱怨这个项目并没有充分建立在弗洛伊德理论的基础之上，还有些人从方法论角度批评了此书所用的抽样调查方法，而那些卫道士则为其“令人震惊”的结论气愤不已。“我们只是事实的记录者和报道者，”金赛回应说，“而不是评判我们所描述的行为的法官。”

在第一卷获得了巨大的商业成功之后，金赛又出版了《人类女性性行为》，这本书在不同的一些方面引发了激烈的争论。此书问世于麦卡锡主义盛行之际，因而激起了一波歇斯底里的反共浪潮以及一系列国会听证会的召开。同时它还遭到了宗教组织的抵制和质疑。基于对超过 6000 名女性的访谈结果，研究团队发现女性在性上要比先前设想的更为积极主动，研究发现有 26% 的女性在四十岁前有过婚外性行为，报告还宣称女性有过同性性行为的比率要高于男性。

这套书总共售出了 75 万册，成为史上最畅销的报告类出版物之一。

许多社会研究都认为金赛推动了 1960 年代的性革命运动，并且为 1953 年《花花公子》杂志问世以及 1960 年第一种女性口服避孕药诞生等社会发展作出了贡献。

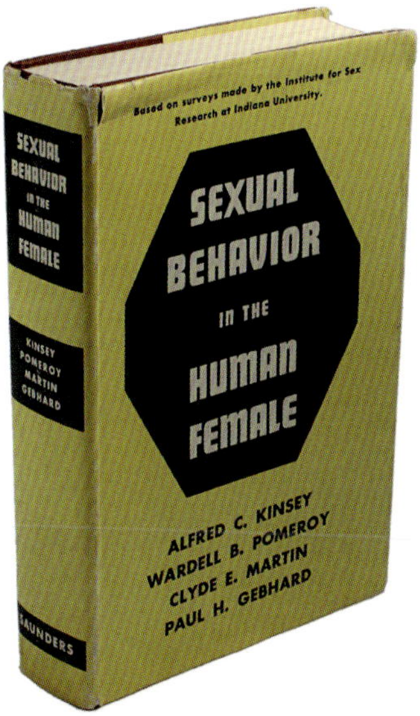

两本书的第一版

一张摄于 1953 年的照片。照片上的金赛被印第安纳大学性研究所的员工簇拥着。金赛报告代表着当时关于人类性行为所能搜集到的最庞大而细致的数据

《1984》

乔治·奥威尔

（1949 年）

我们时代最佳的政治小说由一位资深的英国散文家、记者、社会评论家和小说家写成于第二次世界大战结束后不久。他在小说中构想了一个极权主义社会的未来生活。在这样的社会中，“老大哥正在看着你”，谎言被奉为真理，个体完全被国家操控和碾压。

埃里克·阿瑟·布莱尔（1903—1950）使用笔名乔治·奥威尔是为了满足出版商的营销需求，但他也是一位独立的思想家。他四十七年的人生饱含了太多的经历和努力。他早先曾是缅甸的一名殖民警察，后来成了无政府主义者，在西班牙内战中抗击佛朗哥法西斯分子。他在第二次世界大战中度过了极为艰难的岁月，承受了巨大的个人损失。战后，他无比绝望，迁至内赫布里底群岛的一间农屋中，着手创作他的下一部小说。

虽然他不久前发表的“动物寓言”（也就是《动物农场》，一部政治讽喻中篇小说）得到了良好的反响，但是肺结核对他身体的折磨、经济的困窘、家庭责任以及忧虑，都给他造成了严重的精神负担。尽管他身陷急遽下滑的健康状况和焦虑之中，他仍然在他破旧的打字机上敲出了他对未来的预视，决意要将世界从它的宿命中拯救出来。

这部新写出的小说以这样一句话开头：“四月间，天气寒冷晴朗，钟敲了十三下。”在开篇的场景中，他写道：“每上一层楼，正对着电梯门的墙上就有那幅画着很大脸庞的招贴画凝视着。这是属于这样的一类画，你不论走到

哪里，画面中的眼光总是跟着你。下面的文字说明是：老大哥在看着你。”（孙仲旭译）

小说的主人公温斯顿·史密斯和裘利亚在一个疯狂的世界中奋力维持他们的人类本性。故事的冲突在于意识形态与情感之间的矛盾。小说的语言是坚定和写实的。奥威尔几近狂热地以最快速度，一气呵成完成了这部作品。

文学批评家欧文·豪对奥威尔成就的评价可能是同类评价中最好的之一，他写道：“也许这本书就是一场噩梦，和所有书一样，它无疑是以作者的心理问题为依托的。但是，它同样依赖于健康的心理状态，否则它不可能如此深刻地洞察出我们时代的社会现实。个人的噩梦，如果说它确实存在的话，实则与公共事件有着深刻的联系，并且有助于我们理解公共事件。”

历史学家现今仍在争论出版商是如何选定这个标题的。奥威尔写作时的原定标题为《欧洲最后的一个人》，后来出版时更名为《1984》。这是否是为了向他的偶像杰克·伦敦致敬，因为后者的小说《铁蹄》将故事背景设定为1984年？或者因为他是在1948年完成这部小说的，《1984》这个标题来源于他对“48”这个数字的颠倒？

《1984》出版于1949年6月，它立刻被世人尊为大师之作，但是作品的完成却宣告了作者的死亡。1950年1月21日，奥威尔孑然一身，在医院告别了人生。他对反乌托邦未来的可怖预示被翻译成了65种语言，并被大量改编，登上了舞台和大荧幕。2017年，在社交媒体评论家将“另一种事实”（美国总统特朗普的顾问凯莉安·康威用过的说法）与《1984》的语言相提并论时，它再度在亚马逊畅销书榜上位居前列。

书中的一些术语已经成了大众政治语汇中的一部分，诸如“双重思想”“思想警察”“101号房”“新语”。而“奥威尔式”也成了一个专门术语，用来意指政治压迫或极权主义。

《1984》首版，由塞克尔和沃伯格出版社出版于1949年6月，包装有红色和绿色的封皮

《第二性》

西蒙娜·德·波伏娃

（1949 年）

第二次世界大战后，作为法国新生代知识分子，波伏娃为妇女的解放振臂高呼。她详尽记述了她们于历史上所受到的压迫，其中有些来自她的个人经历。她的女性主义哲学著作被当作北极星，引领着第二次女性主义浪潮。

西蒙娜·德·波伏娃（1908—1986）成长于 1920 年代，极力想要挣脱文雅而愚笨的天主教传统给她的种种枷锁。在索邦大学攻读哲学期间，她与在巴黎高等师范学院研习哲学的年轻学者、作家、社会活动家让 - 保罗·萨特（1905—1980）产生了情愫。这段不同寻常的关系开始于他们参加了同一场竞争激烈的法国教师资格考试，最后萨特摘得头名，波伏娃名列第二。

1946 年，她着手写作一篇自传体文章，但这项工作却迅速发展成了一次对妇女在历史上所受待遇的深刻而尖锐的发掘。这部作品首次刊登在萨特的《现代》杂志上，后来以两卷本形式即《第二性》，于 1949 年出版。它使得波伏娃成了法国激进思想的主要代言人之一。

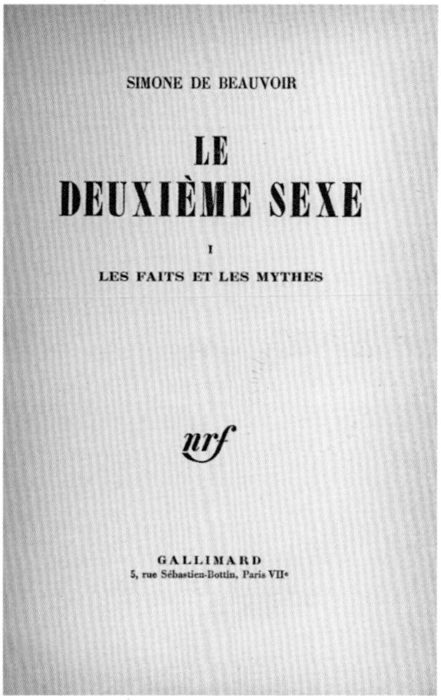
SIMONE DE BEAUVOIR

LE DEUXIÈME SEXE

I

LES FAITS ET LES MYTHES

nrf

GALLIMARD

5, rue Sébastien-Bottin, Paris VIIe

《第二性》初版扉页，第二部分的开头一行写着“女人不是天生的，而是后天形成的”，这句话后来成了现代激进女性主义思想的基石

在提出“女人是什么”这一问题后，波伏娃继而答道：“把男人定义为人，把女人定义为雌性——每当她的举止像一个人时，她就被说成是在模仿男人……所以，人类是男性的。男人不是从女人本身，而是从相对男人而言来界定女人的……”

她那些慷慨激昂的论点中，包括了对雌性昆虫、鱼类以及包含人类在内的其他动物的生理习性的考察，描述了每一物种中的雌性是如何被雄性所统治并居于从属地位的。她检视并拒斥了弗洛伊德与阿尔弗雷德·阿德勒所阐释的女人的观念，声称他们对情欲的探讨是错误的。

基于她自己的研究，她追溯了妇女状况的历史演变，从古代希腊和罗马，经由早期基督教，再到文艺复兴时期的意大利和西班牙，直至19世纪的法国。从中她发现，妇女总是一如既往地被压迫、被降格、被贬低。她的历史考察包含了女性在工会中的参与情况、她们在节育和选举权运动中所扮演的角色，以及在科学领域中女性是如何被对待的。她得出结论说，正是像诸如玛丽·居里这样闪耀的人物所提供的实例“雄辩地证明，并非是女人的劣等性造成了她们在历史上的无足轻重的地位，倒是她们在历史上的无足轻重的地位造成了她们注定是劣等的人”。

波伏娃的研究探究了社会化、性欲、母性、卖淫以及其他相关议题。

在谈到婚姻“几乎总是会毁了女人”时，她援引索菲亚·托尔斯泰的话作为确证：“你永远卡在那儿了，并且你必须待在那儿。”

在结论中，她预示了这样一个未来：妇女可以在各方面被平等对待，并且能够掌控她们自己的人生。

《第二性》被翻译成19种语言。随着1960年代妇女运动兴起，诸如贝蒂·弗里丹的《女性的奥秘》以及其他受波伏娃启发的著作的出现，《第二性》又一次获得了声望。

西蒙娜·德·波伏娃在巴黎花神咖啡馆，她在这里每天写作长达六小时

《地中海风味料理》

伊丽莎白·大卫

（1950年）

这本书为英国人的味蕾带来了希望。伊丽莎白·大卫在第二次世界大战后从北非返回英格兰时，食物配给制仍在施行。震惊于英国烹饪的现状，她率先写了一部关于地中海料理的食谱，让她自己振奋了起来。

第二次世界大战前的英国料理并非一无是处，但只是在巴黎索邦大学留学的岁月，才重新唤起了伊丽莎白·大卫（1913—1992）对美食的热爱。1930年代初，她在那里上学，并寄宿在一户法国人家中，对这户人来说，用餐时间也就是大快朵颐的时候。她返回英国后自学烹饪。她拥有的第一本烹饪书是母亲送给她的希尔达·勒耶尔的《优雅的厨艺》，这位古怪的烹饪大师精通于使用草药，既出于烹饪目的，亦出于医疗目的。

初版的封面及内文插图由艺术家约翰·明顿所作。伊丽莎白·大卫的烹饪方法被认为是第二次世界大战的艰苦岁月过去后的一缕新鲜空气。现今被视若平常的食物——大蒜、橄榄油、帕尔玛干酪——在《地中海风味料理》出版前，要么是闻所未闻，要么就是让人疑虑重重

1939年战争爆发后，伊丽莎白与一位朋友开始了环游地中海之旅。她们在意大利因涉嫌从事间谍活动被捕，最终费尽千辛万苦途经南斯拉夫和希腊到达埃及，并且在当地的英国情报部门里找到了一份工作。尽管战争年代生活困苦，她还是

在所经之处发现了各种地方美味。

1946 年她返回英国后感到极度震惊。德国军舰在战时一直有意地攻击往英国运送食品的船只，几乎包括各类食品的配给制度，也于 1940 年 1 月起逐渐推行开来。这一制度在 1946 年仍在施行。她看到了各种令人毛骨悚然的东西，如脱水的蔬菜和蛋类，只拌了些胡椒粉和淀粉的清汤，以及被她描述为“以一种几乎算是极度反人性与反人类需求的可怕典范做出来的”各类膳食。

伊丽莎白开始写一些杂志文章，回顾她在战争期间享用过的地中海料理。她将这些文章汇编成书，于 1950 年出版了这本标题平淡无奇的处女作——《地中海风味料理》。正如其标题隐约表露的，这不仅仅是一部食谱。这是一本关于食物以及她对新鲜食材与时令风味的热爱的书。她用近乎诗歌的激情描述了出产如此丰富多彩的料理的地中海地区的风貌与生活。当涉及菜谱时，她将读者烹饪的才能考虑了进去。伊丽莎白不仅使用比顿夫人发展出来的富有条理的教学式语言，还使用一种热情的闲谈似的口吻，将烹饪的时长与食材的用量视若平常。

这本书备受欢迎，它扫除了英国美食爱好者心头的阴郁，以其从未听说过的珍馐佳肴——西班牙凉菜汤、肉菜饭、马赛鱼汤、烤羊杂——取悦了他们。就像厨师兼作者的简·格里格森后来说到的：“罗勒听着就像是单身大叔的名字，‘西葫芦’作为外来词要用斜体印刷，并且很少有人知道怎么吃意大利粉……”在伊丽莎白主张橄榄油应被用于烹饪以前，英国人通常只能在药店买到用来清洁耳朵的小瓶装橄榄油。

《地中海风味料理》读起来令人振奋，但由于当时的原料供应还很有限，这本书并非总是非常实用。1954 年定量配给制终于终止实施，1955 年企鹅出版社就推出了一个平装的版本。虽然有些食材仍然稀缺，但现在人们至少可以尝试自己做出一道地中海佳肴了。这本书迅速流行起来，伊丽莎白·大卫也备受好评，这不仅是因为她向人们介绍了如此多的美食，还因为她让人们了解到该如何写好一本关于美食的书。从茱莉亚·蔡尔兹到狄安娜·亨利的烹饪作家都承认受了她的影响，而《地中海风味料理》这本书至今仍然无人能及。

A Book Of Mediterranean FOOD
by
Elizabeth David
John Lehmann

《知觉之门》

阿道司·赫胥黎

（1954 年）

《知觉之门》描述了一次迷幻体验，持续影响了 20 世纪五六十年代兴起的迷幻药文化。赫胥黎的这份对他首次服用麦司卡林经历的报告精确、清晰、详尽，并且探讨了迷幻药物的利弊。

阿道司·赫胥黎（1894—1963）于 1937 年定居加利福尼亚州时，已是写出反乌托邦小说《美丽新世界》的成功作家。甚至在离开英格兰本土前，他就表现出对致幻药物效果以及灵性的兴趣。在《美丽新世界》中，国家通过持续供应一种叫作"梭麻"的虚构药物使人民驯服。他发表于 1936 年的战争小说《瞎了眼在噶扎》的主人公借东方哲学以抚慰其对世界的幻灭感。赫胥黎自己亦对 20 世纪以来社会发展的道路感到幻灭，这时他转向了冥想。

1952 年，赫胥黎注意到了一位名叫汉弗莱·奥斯蒙德的英国精神病学家的研究。奥斯蒙德当时正在他的萨斯喀彻温精神病院试验使用麦司卡林（一种佩奥特仙人掌中的致幻成分）治疗精神分裂症患者。两人互通了书信，赫胥黎自愿加入奥斯蒙德的麦司卡林试验，希望能够祛除阻挠他灵性开悟的意识障碍。

赫胥黎

赫胥黎尝试服用致幻剂或许还有其他的动机。因为童年时期的一场病，他的视力很差，有时候几乎完全失明。也许他在期望能获得另一种视力？

试验于 1953 年 5 月 3 日在赫胥黎西好莱坞的家中进行。《知觉之门》便是对那一天的记录。标题取自威廉·布莱克 1793 年的诗篇《天国与地狱的婚姻》中的一段："如果知觉诸门涤净，万物将向人显出本相：无限。”

赫胥黎服用致幻剂后的反应颇为视觉化。譬如，一樽花瓶成了“赤裸存在的奇迹”，而一本世界名画录，使他——甚至在象征性作品中——看到了抽象的色彩与图案。在临近其体验之旅终了的时候，花园中的一把椅子呈现出的强烈现实存在感极具威胁性，以至于让他自觉走到了疯狂的边缘。

他总结道，即便不依靠麦司卡林，知觉的升华也存有可能，然而麦司卡林确实有效，并且要优于烟草与酒精。他写道，麦司卡林并不会使人变得暴力，恰恰相反：服用麦司卡林的人会变得安静，因为他会被极为生动的体验攫住。赫胥黎承认有些使用者可能会有不好的体验，并且感到大约八小时的药效时间可能过长了，不太方便。然而总体说来，它改变了我们的知觉，这是值得的。

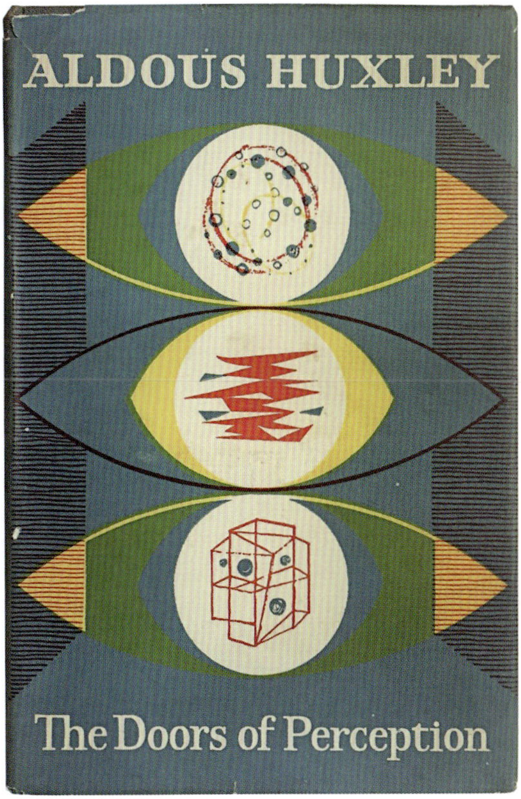

初版，封面由约翰·伍德科克设计

那个曾在《美丽新世界》中口诛笔伐致幻剂的赫胥黎，改变了信仰。他在余生中每年都会服用几次麦司卡林，他在《知觉之门》发表后的次年首次服用了麦角二乙酰胺。此外，他还向蒂莫西·利里与艾伦·金斯堡介绍了尝试使用迷幻药的想法——确实，正是他与汉弗莱·奥斯蒙德发明了“迷幻”这一术语。如若没有这番尝试，我们可能会错过垮掉派诗人、披头士的《佩珀军士》、大门乐队（乐队名称正来自此书）、伍德斯托克以及我们至今仍会感受到的1960年代的全部文化遗产。

《洛丽塔》

弗拉基米尔・纳博科夫

（1955 年）

《洛丽塔》是一部关于悲剧、情欲与爱的故事，其内容露骨，曾引起争议。纳博科夫引发争议的主题和处理手法，模糊了情色文学与严肃文学杰作之间的界限。

《洛丽塔》最初于 1955 年由巴黎的奥林匹亚出版社出版，被归为情色小说。在此之前，它已经遭到了数家更有名气的美国出版社的拒绝，因为他们担心会因内容淫秽而被起诉。《洛丽塔》一直备受冷落，直到格雷厄姆・格林成为其文学性的最初捍卫者之一。弗拉基米尔・纳博科夫（1899—1977）成功地使读者在谴责他的叙事者亨伯特的所作所为的同时，与其产生强烈共鸣。这样，他所写的就并非一个淫猥的故事，而是一个富于感染力、悲怆的爱情故事。正是纳博科夫精致、细腻的行文，使得《洛丽塔》超越了纯粹情色小说的范畴，并促使我们去探视小说中这位不名誉的叙事者的心灵的全貌。

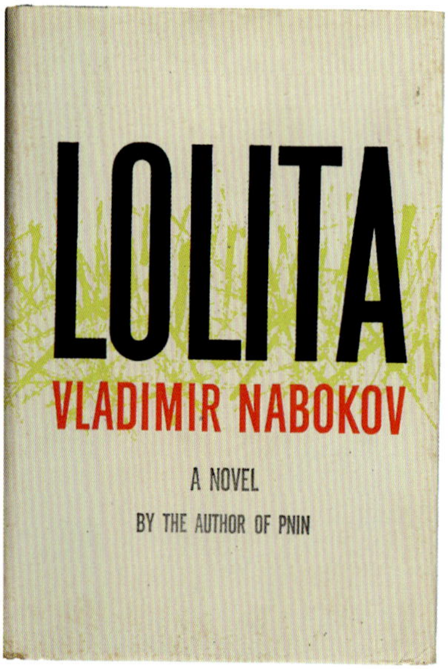

《洛丽塔》美国首版由普特南出版社出版于 1958 年，在最初的三周内就卖出了 10 万册

《洛丽塔》讲述了三十七岁的亨伯特对一位未成年少女多洛蕾丝・黑兹（随着书中情节的发展，洛丽塔的年龄从十二岁长到了十七岁）的迷恋。亨伯特以回溯的形式在监狱中讲出了这个故事。这是一个性罪犯对他所犯罪行的记录，因此我们不得不对他所陈述的版本有所保留。我们仅知道亨伯特对故事始末的看法，而不知道洛丽塔的，并且我们必须相信纳博科夫以及我们自己，以便对两位角色的行为和动机作出判断。正如亨伯

特以花言巧语和各种小把戏引诱洛丽塔一般，纳博科夫也用言语幽默和迷宫般的文字，引领他的读者去发现他小说中潜藏的真相。《洛丽塔》全书充满了双关语和对其他作品的指涉，就好像纳博科夫正在和我们玩一场游戏。

这本书并非都关于“性”。纳博科夫是弗洛伊德心理学尖锐的批评者，而在1950年代，弗洛伊德学派正呈上升态势。他创造了一位虚构的精神病医生为这部书写了一篇序言，赞扬了弗洛伊德学派在精神病学上的洞见，然而他又用他的众多角色嘲弄了精神分析无力描述更为复杂的问题，譬如书中角色的性欲问题。

小说中的大部分内容涉及了欧洲人与美国人思维上的文化冲突。亨伯特是一个欧洲人，他时常表现出与美国以及他的美国人情敌奎尔蒂的格格不入。纳博科夫本人在移居美国东海岸以前，就曾是一位从欧洲逃离出来的流亡者。可以说，《洛丽塔》细致描绘了这个收留了作者的国家的1950年代。

这部小说竭力使我们同情亨伯特，但由此带来的危险在于，我们和他靠得太近，很难把他当成性侵害者来看待。然而最终，亨伯特也并不是夺去洛丽塔童贞的那个人，他没有让洛丽塔怀孕或者去拍色情电影，也没能和洛丽塔安定下来。所有这些事都交给了其他角色去完成，留给亨伯特的只有一段扭曲、遗失的爱情。

在格雷厄姆·格林将这部小说引入文学批评家的视野后，批评界对其毁誉参半。英国和法国很多年来都禁止其出版，反倒在美国（虽然那里弥漫着对遭受起诉的担忧），《洛丽塔》于1958年得到了正式出版。这部小说被世人奉为经典，“洛丽塔”一词在英语中也成了早熟的性感少女的代名词。

在被维京、西蒙·舒斯特、新方向、法勒与施特劳斯、道布尔迪等出版社拒绝后，《洛丽塔》的初版以两卷本形式由巴黎奥林匹亚出版社出版

《魔戒》

J. R. R. 托尔金

（1954 年至 1955 年）

一位见证过历史上最为血腥的战争之一的牛津大学语文学家，历时十二年完成的史诗级严肃奇幻三部曲，讲述了发生在一片名为“中土”的中世纪般神秘土地上的残酷战争。他标志性的创作进而成了史上最畅销的小说之一，并且成了大量有着自身世界观架构的奇幻文学、电影与游戏效仿的样板。

J. R. R. 托尔金（1892—1973）生于南非，但在英国长大。他在牛津大学教授语文学，业余时写作奇幻小说。鉴于他早年创作的奇幻小说《霍比特人》（1937 年）取得了成功，他的出版商请求他写一部续集，这样他可以进而探索他正在建构（以他的话说是“神话创作”）的虚构世界的其他层面。

托尔金非凡的学识与丰富的想象力，使他得以从斯堪的纳维亚与日耳曼神话、凯尔特传说与童话，以及出自不同文明的古代神话中汲取宝贵的素材。他研究《贝奥武甫》和其他中世纪文献，并且利用他威尔士语方面的知识创造了他自己的专有名称和构词。作为在第一次世界大战中参加过索姆河及其他战役的退伍老兵，他还怀着对战争造成的巨大破坏的记忆，以及深沉的天主教情结。

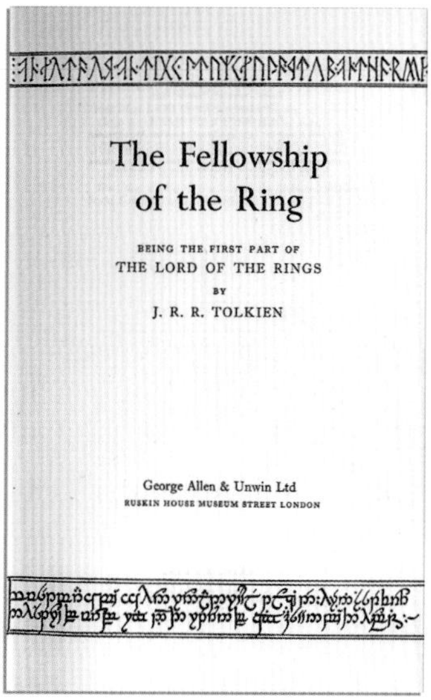

《护戒同盟》扉页

托尔金为写作《魔戒》付出了十多年的努力。他与出版商乔治·艾伦与昂温出版社签的合同安排中没有规定预付款与版税，只有当这本书开始盈利的时候，他才能从利润中分到一大份。出版商起初认为他的“天才之作”是根本赚不到钱的。

小说的标题指涉了故事中的头号反派黑暗魔君索伦。他在妄图征服与统治中土全境的残酷战争中打造了至尊魔戒，以掌控其他的统御魔戒。故事还交代了大量身陷于史诗级正邪斗争间的奇奇怪怪的角色：“这世界的确充满了危险，其中也有不少黑暗之处，但是，也仍有许多美丽的事物。尽管如今在所有的地方，爱都交织着悲伤，但或许还是爱占了上风。”

《魔戒》最终于1954年7月至1955年10月间分三卷陆续出版。三部曲包括了《护戒同盟》《双塔奇兵》与《王者归来》。

虽然最初的评论褒贬不一，但《星期日电讯报》称其当属“20世纪最伟大的幻想虚构类作品之列”，而W. H. 奥登惊叹于托尔金的“杰作”，并将其与约翰·弥尔顿的《失乐园》相提并论。

它的知名度与日俱增，在改编电影的推波助澜下，它成了历史上最畅销的图书之一，售出了1.5亿多册。它至少被翻译成了38种语言。总计9250页的原初手稿现被收藏于密尔沃基的马凯特大学。

《魔戒》在自身的成功之外，还催生了朝气蓬勃的、基于托尔金式世界架构主题的游戏产业。

全三卷。在1966年的一次访谈中，托尔金对将其三部曲拍成电影的想法嗤之以鼻：“你不能将整个故事挤进戏剧的模式中。拍《奥德赛》会更容易。因为除了几场风暴，《奥德赛》中并没有太多事情发生。”

《在路上》

杰克·凯鲁亚克

（1957年）

定义了“垮掉的一代”的小说。凯鲁亚克几乎自传性的发现之旅，讲述了友情与其限度，以及战后美国青年的失意与挫败。

第二次世界大战的动荡过后，美国进入了一个急需稳定的时代。战争的胜利和战时工业的发展为和平时期欣欣向荣的美国带来了巨大的好处。社会关注的焦点是稳定的工作、社会繁荣与家庭健全等问题。

美国中产阶级白人的这种惯常社会愿景不可避免地激起了反拨。像艾伦·金斯堡、威廉·巴勒斯和尼尔·卡萨迪这样的作家，都在追求生命的更高意义，而不是单纯物质上的成功。这些垮掉一代的发言人认为战后乏味、千篇一律的消费主义使人的心灵变得愚钝，并直至垮掉：这正是“垮掉”一词的缘由。

对于另一位垮掉派作者杰克·凯鲁亚克（1922—1969）来说，垮掉意味着更重要的东西——它会将人还原至自己本我的状态，这种几乎是至福的状态也是人唯一的出路。垮掉派运动不仅是对先前一代无休止的反叛，亦是一场灵魂之旅。1940年代，凯鲁亚克与卡萨迪一起进行了数次公路旅行，以寻找一个不同的美国以及一种更具灵性的生活方式。正如他于1961年写给一个学生的：“这真的就像是两个信奉天主教的兄弟一道

凯鲁亚克与他小说的原稿，这是他于1951年4月在一张120英尺长的纸卷上一口气打出来的

《戴高帽的猫》

苏斯博士

（1957 年）

这本书打破了儿童文学的常规。苏斯博士起初只是想写一本不同于“里面竟写了些过分礼貌整洁的男孩与女孩的、毫无生气的初级读物”的另类作品，最终他给了我们一个孩子眼中的奇趣世界。

苏斯博士（1904—1991）原名西奥多·苏斯·吉塞尔，是德国移民的儿子。他采用博士头衔是为了愉悦其父母，后者希望他能去学医，但他早年的职业生涯却是为图书、广告和战时宣传品做插画。他的首部童书《桑树街漫游记》在 1937 年出版前，曾被二十家出版社拒绝过。

《桑树街漫游记》的标题与内容已经包含了将在《戴高帽的猫》中发展到极致的标志性的韵律与节奏。他所用的韵律就是四步抑抑扬格（四个由两个非重读音节和一个重读音节组成的音步），大诗人拜伦和勃朗宁曾大量使用这种韵律以传达一种戏剧性的、急促的气氛。其快速的节奏也使之绝佳地适用于喜剧。

一本较早版本的《戴高帽的猫》。它由兰登书屋新成立的子品牌“启蒙读物”出版，这一品牌专注于供三至九岁儿童阅读的图书

苏斯写作《戴高帽的猫》，是为了回应 1950 年代对当时不适当的儿童初级读物的批评之声。“迪克与简”系列从 1930 年代起就被使用了，而这系列中的故事情节太过简单，说教意味又太重，既对孩子来说毫无乐趣，也无法有效地教孩子识字。苏斯后来声称《戴高帽的猫》“是最令我自豪的书，因为它和‘迪克与简’系列被淘汰有点关系”。

出版商威廉·斯波尔丁给了苏斯一张列表，上面有 348 个适合于六至七岁儿童的单词，并让他从中选出 225 个词来写一本更好的初阶读物。这些限制性选项令他感到失望，他决定就表上的头两个押韵的单词写一篇故事。这两个词无疑正是“猫”（cat）与“帽子”（hat）。最终，他在书中用了 236 个不同的单词。

其结果就是这个引人入胜的故事：一个阴雨天，一只头戴红白相间条纹礼帽的无法无天的猫来到了两个困在家中的孩子面前，点亮了他们的生活。他为孩子们的这个下午制造了一团惹人发笑的混乱。他用家具玩杂耍，其中有一把耙子和金鱼，他还释放了两个孩子自我中不羁的一面：“老大”和“老二”，这两位在走廊里放风筝。不过当孩子们感到母亲将要回来，欢笑渐渐转变成对他们造成的混乱的焦虑时，这只猫就让一切恢复了原样，并离开了他们。

这本书在过去一直被过分深入地分析，甚至到了荒谬的地步。例如，那条不赞成猫这么做的金鱼被认为代表了美国文化中抗拒享乐的清教徒倾向，而戴红帽子的猫和他释放出来的穿红色西装的“老大”“老二”，则被解读成 1950 年代侵入麦卡锡主义盛行的美国制造混乱的赤色分子。现在，我们或许可以认为那只猫是一位反传统的朋克，比他的时代先行了二十年。

苏斯博士无疑是赞同这只猫的——他的脸和苏斯的脸别无二致，以及他不得不收拾好房间时所流露出的悲伤神情，似乎表达了苏斯本人对此的遗憾。这部书经久不衰，其简单的韵律与节奏也被证实能够有效地鼓励儿童自己阅读。最重要的，它证明了苏斯有能力从孩子们的眼中看世界以及理解孩子们认为有趣的事物，这是“迪克与简”系列远不能及的。

西奥多・吉塞尔（苏斯博士）

《瓦解》

钦努阿·阿契贝

（1958 年）

一位尼日利亚作家在其祖国即将脱离英国赢得独立之际，写了一部将会成为一座世界文学里程碑的杰作——第一部伟大的非洲小说。它从非洲人的视角出发，由殖民者的语言写成，讲述了先前社会所经历的剧烈文化变革。

钦努阿·阿契贝（1930—2013）是个孤儿，由祖父抚养长大。他生于尼日利亚的伊博村落，这里在他出生前就已经被英国殖民者占领了大概四十五年。他在其成长历程中身处于两个不同的世界——白人的基督教殖民文化，在英帝国统治下残存下来的伊博文化。阿契贝在伊巴丹的大学学院里研修英语文学时，被要求阅读一些与非洲主题相关的书籍——吉卜林、康拉德与乔伊斯·卡里。这些书中对他的人民的描述令他大惊失色。“我开始意识到，”他后来写道，“虽然小说无疑都是虚构性的，但它也有真假之分，不是新闻的那种真假，而是关于它的公正性、意图和诚实。”

美国首版出版于 1959 年，并增添了副标题——“一个强人的故事”

于是，他着手写作一部关于他家乡的新小说，以便通过遭受殖民和压迫的非洲人的视角道出真相。他还想将故事背景设定在他父母出生前、伊博刚被殖民的时期——亦即传统的乡村开始“瓦解”之际，从而帮助恢复其国家被殖民前的身份认同。

他这本书的出版时间与尼日利亚正式脱离英国殖民统治的时间相吻合。数个世纪以来，西非的这一地区一直是奴隶贩卖和英国控制与影响的对象，现在终于即将成为一个独立的国家。

由于缺少统一的本国语言讲述他的故事，阿契贝选择用英语写作这部小说，并且解释说这是为了反击将这语言强行“塞入我们喉咙里”的文化。

书的开头将读者带到了小说主人公身处的重大社会变革的初期。“在这九个村子里，甚至在这九个村子以外，奥贡喀沃都是很有名的。”他写道。

最初的英国版，由海尼曼出版社出版于1958年

叙事者记叙了奥贡喀沃在一个正在被基督教传教士殖民的、名为乌姆奥菲亚的村庄中的一生。阿契贝的主人公并不符合先前白人作家笔下刻板的非洲人形象，而是被描述为一个具备很多优良品质的人——一个勤劳而有荣誉感的人，既有力量又十分高傲。

阿契贝并未将西方文化表现成启蒙或世俗的，而是将其描述为“自大和种族中心主义”的，并且表明了殖民者为了彻底消灭本土文化，是怎样将地方制度一个又一个地摧毁殆尽。

作为非洲人写的首部重要小说，阿契贝的著作受到了广泛的欢迎。它被翻译成了50种语言，已经售出了超过1000万册，并且被认为是21世纪文学中最重要的作品之一。它的出现为其他非洲作家开辟了道路。奇玛曼达·恩戈齐·阿迪奇埃就将自己的小说归功于阿契贝的影响：“读他的作品使我有了胆量，让我能够写我熟知的事物。”

阿契贝还发表了若干其他著作，他于1990年移居美国，并在纽约哈德逊河畔安南戴尔的巴德学院授课，直至他于2013年去世。

《杀死一只反舌鸟》

哈珀·李

（1960 年）

她的这部令人着迷的处女作探讨了 1930 年代一个亚拉巴马州小镇上发生的种族与公正的问题。此书惊人的成功令这位默默无闻的作者一下就享有了国际性声誉，并且推动了民权运动与公设辩护人的发展。

哈珀·李（1926—2016）生于亚拉巴马州的小镇门罗维尔，这里距离她的童年好友杜鲁门·卡波特（1924—1984）的家很近。他们两人都渴望成为全职作家。当卡波特前往堪萨斯州，为日后将成为《冷血》——首部“非虚构性小说”——的书稿做调查研究时，她一同前往给了很多支持，同时也是为了掩饰他招人嫌恶的同性恋身份。那时他已经是一位成名作家，一个自我宣传的大师。

首个英国版由英国书会（Book Society）出版。英国书会为每月一次的图书俱乐部，那些它觉得定会成为畅销书的图书，它会给予其“精选”的地位

《冷血》（1966 年）获得了显著成功，令他的名气倍增。然而李取得的更大成功——普利策奖以及更多销量——却令他妒火中烧，这使李更加不想在公众面前露面以及不愿发表更多的小说。“我是他认识最久的朋友，”日后她在一封给朋友的信中吐露道，“我做了让杜鲁门无法原谅的事：我写了本畅销的小说。他的嫉妒持续了二十多年。”

李为她的处女作耗费了多年心血，靠朋友的救济为生，最终将反复修订后的版本交给了她在利平科特出版社的编辑。《杀死一只反舌鸟》起初并不被看好，但它出版后就成了读者们的最爱、学校里的必读书，后来还被改编成了好莱坞大片，由格利高里·派克主演。

李的小说以她老家的人和事为基础，借由一位早熟的六岁女孩路易斯·芬奇（斯科特）之口讲出。路易斯与她的哥哥杰姆以及在小镇上当律师的、丧偶的父亲阿蒂克斯·芬奇住在一起。故事发生在1933年至1935年间，围绕着一桩可疑的跨种族强奸案展开，探触到了美国南方令人不安的种族与公正问题。

李的这本书问世于美国民权运动之初，此时正值新生的年轻一代正在走向成熟，因此书的出版时间和所处理的棘手而重要的社会问题，都显得再适宜不过。无辜者受到伤害这一核心主题在读者和观众间引起了共鸣。许多年轻人在这本书的激发下，要么像阿蒂克斯·芬奇一样踏入司法界，要么像哈珀·李那样成为作家。这本书持续售出了超过3000万册，改编自此书的电影也成了经典。由于它对种族与强奸问题的处理方式以及它延续了《哈克贝利·费恩历险记》发展起来的使用脏话的传统，这本书也引起了高度的争议。

2015年，当李接近其人生尽头之际，她出版了第二本小说《守望之心》。这本书引起了一片哗然，因为它让阿蒂克斯这个标志性人物，这个自由主义价值观的伟大典范，变成了一个冥顽不化的人。实际上，这才是她的第一部小说，在《杀死一只反舌鸟》前未曾发表过。人们对这部被有些人认为是《杀死一只反舌鸟》初稿的作品评价不一。

利平科特出版社的初版，包含了一句杜鲁门·卡波特的引言：“某个奇才写出的精妙绝伦的处女作。”

《寂静的春天》

蕾切尔·卡森
（1962年）

一位坚毅的海洋生态学和自然作家所写的有关杀虫剂是如何毒害自然环境的惊人记录，引发了来自化学工业恶毒的人身攻击。然而，她可靠的报道以及勇敢的举证，鼓舞了新一代的自然环境保护运动，并引发了大规模的改革。

蕾切尔·卡森（1907—1964）并非想象中的美国式英雄。她是一位收入微薄的单身女性，曾在一系列的研究职位上工作。作为美国鱼类及野生生物调查所的编辑，卡森在自由作家的道路上取得了些许成就，这为她日后能成为全职作家作了铺垫。

多年以来，卡森一直关注化学合成杀虫剂大规模、未规范的投用。这种化学杀虫剂是由在一战、二战、朝鲜战争及军备竞赛时期生产的化学制品的附属品和后续利用发展而来的。美国农业部带头使用有毒物质消灭害虫，并在公用和私有土地上进行空中喷洒。在她对鱼类和野生动物的研究过程中，卡森愈发开始留意一种特殊的化学杀虫剂，也就是滴滴涕（DDT），的效果。这是一种无色、无味以及几乎无嗅的有机氯，曾被广泛用来灭蚊。

蕾切尔·卡森与《寂静的春天》。博物学家大卫·阿滕伯勒爵士评价《寂静的春天》是继达尔文的《物种起源》以来最重要的科学著作

1958年1月，卡森读到了一封写给编辑的信，那是她的朋友奥尔加·欧文斯·赫金斯写给一家波士顿报纸的。信中，赫金斯谴责了在她家附近的自然保护区中鸟类、蜜蜂、蝗虫以及其他动物的死亡，并将其归咎于近期的杀虫剂喷洒。卡森热切地就

这一问题开始了调查，她从科学家与政府官员那里搜集到了大量的证据，其中有些人将她带到医疗机构并向她展现了化学制品的致癌效果。在此期间，她身患重病，进行了乳房切除手术和其他癌症治疗，然而她仍然继续写作那本关于自然环境遭受毒害的著作。

起初这本书以连载的形式，于 1962 年 6 月 16 日刊登在《纽约客》杂志上，后来以书的形式由霍顿·米夫林出版公司正式出版。《寂静的春天》受到了来自科学家和环保人士的热烈欢迎。然而，有权有势的化学工业游说团体却对她展开了野蛮的攻势，指控她其实是个冒牌科学家。美国农业部前部长埃兹拉·塔夫特·本森说她虽然还算有几分姿色，却一直未嫁，所以“很可能是个共产主义者”。

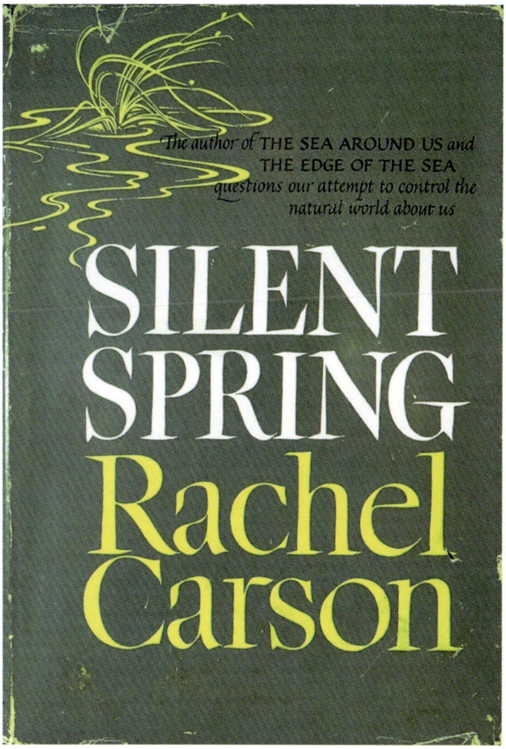

《寂静的春天》初版，标题来源于约翰·济慈的诗歌《无情的妖女》，其中描绘了一幅荒芜的未来图景

尽管一直饱受癌症的折磨，她仍然出席了参议院下属委员会的会议，证实有必要通过法律来监管有害的化学制品。这引发了阿拉斯加参议员恩内斯特·格鲁宁的评论：“在人类历史上，总会有一些时候，某本书的问世会根本性地改变历史的进程。”卡森向全人类发出了警告：“我们盲目的破坏性行为会进入到地球的庞大循环性运动中，届时它会回来给我们自身带来危害。”

《寂静的春天》陆续卖出了逾 200 万册，被认为是有史以来最为重要的科学著作之一，卡逊也被尊为继亨利·戴维·梭罗以来最具影响力的环境作家。她的著作激起了一场革命，却未能消除争论。工业势力仍在诋毁她的著作以及她所捍卫的思想，他们宣称那些对化学物会影响空气、水文、土壤和有机体的警告过于夸大其词，呼吁应当削减在环境法和管理上的预算。

卡逊逝世于 1964 年，享年五十七岁。

《伊凡·杰尼索维奇的一天》

亚历山大·索尔仁尼琴

（1962 年）

这本荣获诺贝尔文学奖的作品是对极权主义国家的控诉。索尔仁尼琴对苏联劳改营生活的描写取材自他的亲身经历。相比其他作品，这本书改变了它所写的世界。

亚历山大·索尔仁尼琴（1918—2008）在第二次世界大战时是苏联红军的一名军官。他于 1945 年被捕并被判处八年劳动改造，被流放于苏联的秘密劳改营——古拉格。他因在一封写给朋友的信中批评斯大林在对德战争中的行为获罪。他被起诉触犯了苏联刑法中的第 58 条，而根据这条法律，任何行为都可能被判定为犯了反国家罪。他获释后又被流放于哈萨克斯坦境内，直到斯大林死后，赫鲁晓夫在苏联推行去斯大林化政策，他才于 1956 年获准返回莫斯科，同时开始写作《伊凡·杰尼索维奇的一天》。

这里所说的“一天”只是伊凡·杰尼索维奇在劳改营中服刑的 3653 天中的一日。依据刑法第 58 条，他所犯之罪只不过是在战争中做了德军的俘虏。这部中篇小说分为二十四个部分，描写了伊凡·杰尼索维奇一天的活动，在记录了他这天发生的琐事之间，穿插了对残酷的苏联刑事制度更为哲理性的思考。

劳改营的制度极为严苛残酷，对人的摧残既是身体上的，也是精神上的。虽然在伊凡·杰尼索维奇所属的第 104 号工作队中，狱友间尚有相互扶持甚至善意，但这里的头号原则仍然是适者生存。伊凡·杰尼索维奇靠艰苦的工作和帮助其他囚犯换来的微薄回报过活。他必须将额外获得的一块面包缝在床垫里藏好，他这天最大的善举只是给了另一位狱友一整块饼干。

这本书用细致、平实的语言描述了人在面对无休止的不公正惩罚时，为维护人类尊严所作的斗争。残酷是常态，104 号工作队中的二十四个人的隐私和个体性则是被完全否定的。他们中的大多数人都因为那无所不包的第 58 条被定罪。

索尔仁尼琴当然不可能料想到这本书能在他的祖国出版。不过他于 1962 年仍将其交给了莫斯科的头号文学刊物《新世界》。更令人意外的是，《新世界》的编辑看中了其价值并且向党申请予以出版。据说是赫鲁晓夫亲自批准的，因为他认为这是一个让斯大林的遗产失去公信力的好机会。《伊凡·杰尼索维奇的一天》所造成的影响极其迅猛和浩大。这也是首次向世人公开承认古拉格的存在，而此前，苏联人对其缄口不语，外界则是一无所知。

索尔仁尼琴的小说引起了轰动。然而，当赫鲁晓夫于 1964 年下台后，他的斯大林派对手就冒了出来，开始废除他的各项改革。这些人通过各种方式败坏索尔仁尼琴的名声，甚至还想鸩杀他，他之后的小说也只能在西方世界出版。1970 年，他荣获诺贝尔文学奖，对他的表彰中特别提到了《伊凡·杰尼索维奇的一天》。

1974 年，索尔仁尼琴被捕并被驱逐到了西德。他最终于美国定居，直到苏联解体后才返回俄罗斯。苏联解体这场政治崩溃是经戈尔巴乔夫改革促成的，其深层原因正在于《伊凡·杰尼索维奇的一天》中所揭露的一切。

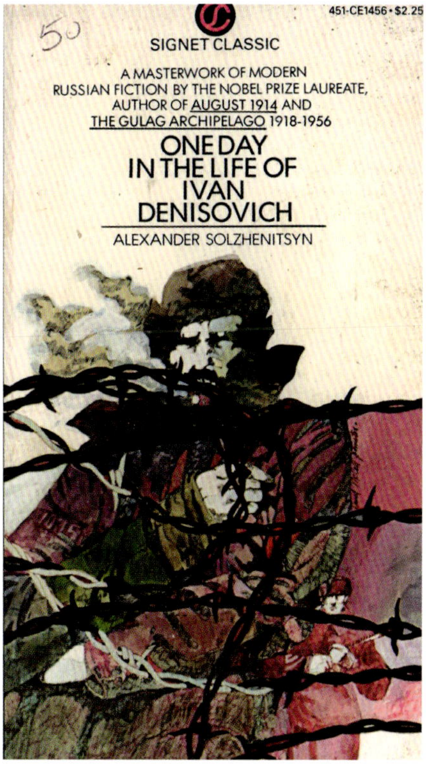

《伊凡·杰尼索维奇的一天》的美国版（左图）与英国版（右上图），均出版于 1963 年。该书取材于索尔仁尼琴在埃基巴斯图兹劳改营服刑的岁月（右下图）。作家维塔利·克罗蒂奇强调了其小说的重要性：“苏联是被信息毁掉的——这股风潮正始自索尔仁尼琴的‘一天’。”1969 年，索尔仁尼琴被开除出苏联作家协会，次年他获得了诺贝尔文学奖

《女性的奥秘》

贝蒂·弗里丹

（1963 年）

《女性的奥秘》是第二次女性主义运动的基石。在它出版的时候，女性主义运动所遭遇的反扑本身，就足以表明弗里丹切中了问题的要害。

第一次女性主义运动，即妇女参政运动，旨在为妇女争取自身的财产所有权与选举权。第三次女性主义运动，开始于 1990 年代，解构了女性主义的概念，认识到了女性主义运动迄今为止的成败得失。它从性、种族、宗教和文化等不同层面出发，专注于妇女之间的差异性与个体性。至为重要的第二次女性主义运动发轫于 1963 年，强调妇女在家庭和工作场所以及掌控自己身体的权利。贝蒂·弗里丹的著作《女性的奥秘》即问世于这一年。

1963 年 6 月《纽约时报》的一篇为第七次印刷宣传的广告。其中写着："弗里丹女士朝向玩偶之家挥舞着一把强力的利斧。在易卜生的娜拉猛然关上房门的将近一个世纪后，有太多太多的女同胞被骗到这里来了。"

贝蒂·弗里丹（1921—2006）离开了博士学习以及她在新闻业能供自己养家糊口的美好前程。她因为怀上了第二个孩子而被公司解雇。然而，自 1950 年代以来，她愈发对其家庭主妇的生活感到不满。在一次校友聚会上，她调查了她的同辈女校友的情况，发现在这些依照社会流俗过着幸福家庭生活的女性中，也隐约存在着同样的不满。

这份调查的结果构成了《女性的奥秘》一书的基础。她声称，所谓的“奥秘”是由媒体和广告商炮制出来的，他们将女人描绘成无业、未受过教育的妻子，母亲和“性感炸弹”。女人完全由其生理特征来界定，而男人却能在社会中选择他们要扮演的角色。

广告中的形象鼓励女人将家务劳动视作自己的工作，生产商和广告商则为她们提供工具。杂志中的文章让女人觉得教育程度过高的女性没有女人味，很难吸引异性。而能够吸引男人的典范则是那种苗条、无头脑的金发白人女郎。这无意间造成了对黑人女性的加倍歧视。

结果就是，女人都争先恐后地结婚，想要更多的孩子，生怕被男人弃如敝履。

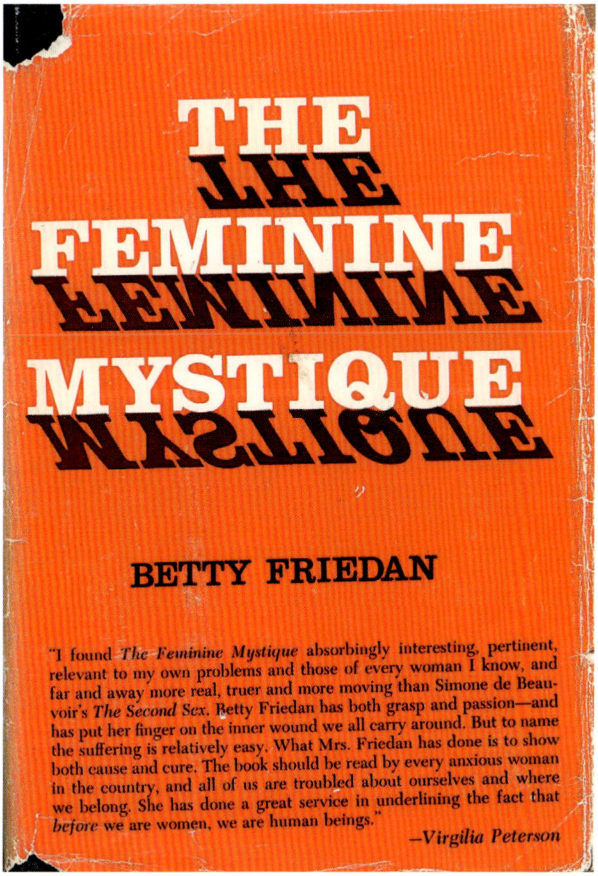

《女性的奥秘》初版

然而她们并不幸福。在《女性的奥秘》中，弗里丹怂恿女人在家庭以外的更大的共同体中，寻找她们的幸福与满足感。她尤其支持越来越多的女性参与政治活动。“我们再也无法忽视女性发出的声音：‘除了我的丈夫、孩子以及家庭以外，我还想要更多别的东西。’”

这本书立刻产生了巨大的影响。不到一年，美国通过了同工同酬的立法，并且在其出版后的第一年中，《女性的奥秘》就卖出了超过100万册。对它的反击也接踵而至。它向许多白人中产阶级女性介绍了女性主义，但也引发了一些不满，有人指责弗里丹忽视了社会中其他阶层的女性。那些乐于做家庭主妇的妇女们抱怨她们被不公允地描绘成一副对自己命运不满的样子。男人们抨击她的理论是伪科学，同时还抨击她的言辞过于尖锐。

在此后的十年中，贝蒂·弗里丹直接参与创建了“美国全国妇女组织”“全国堕胎行动联盟”以及“全国妇女政治核心小组”。这三个组织直至今天仍在为女性群体效力。

《百年孤独》

加西亚·马尔克斯

（1967 年）

魔幻现实主义的扛鼎之作。马尔克斯虚构出来的南美小镇的历史，传达了有关进步与衰败的普世信息。在马尔克斯的想象中，时间可快可慢，既是线性的又是循环往复的。记忆与遗忘都是重负，而没有从错误中长教训的人注定要重蹈覆辙。

1960 年代，拉丁美洲文学踏入世界文学的舞台。其特征是魔幻现实主义手法的运用，即创造出会发生奇异、魔幻事件的自然世界。这种文学形式完美地捕捉了南美洲当时的状况——陷于现代工业化的入侵与将神话视作另一种现实的、强大的本土传统之间。

《百年孤独》讲述了一座名叫马孔多的哥伦比亚小镇与建立小镇的布恩迪亚家族七代人的故事。建立马孔多的智慧与力量逐代消减，直至其后人和镇子再也无从辨认。时间线形成了一个完整的圆环，往后发生的都已消损，而往昔又回复到了动物的状态。

在《百年孤独》中，加西亚·马尔克斯（1927—2014）用被他称为“特大号现实”的魔幻现实主义手法戏耍了读者的认知。他对贫穷做了令人信服的描述，不过在这样污秽的世界中，真能有天生就长着猪尾巴的孩子吗？神父真的能飘浮在半空中？他同时还拿时间开刀。孩子成长得极为迅速，但对成年人来说，时间却几乎静止，令人难以忍受。失眠和暴雨的灾祸也可能持续数年。

马尔克斯通过让仅有的几个名字在布恩迪亚家族几代人中重复出现，进一步挑战了我们对现实的认知。这混淆了我们的时间感，同时强化了小说的两个核心主题。首先，当几代人的名字甚至都完全相同，单纯的时间流逝并非一定意味着进步；其次，孤立的布恩迪亚家族一直都被封闭在几个名字的内部循环中，从未与更广阔的社会群体与外部世界产生关联。“孤独”或“孤独的”这类字眼几乎出现在小说的每一页上。

马孔多倒向了独裁统治。尽管《百年孤独》植根于南美洲的社会与历史，但马孔多在道德与物质上的倾颓，却映射了其他文明——尤其是古希腊文明——的衰败过程，并向我们所有人提出了警告：伦理道德缺失的现代性并非进步。

马孔多这个名字在许多拉丁美洲国家的语言里，成了形容会有离奇事件发生的地方或指某人的光怪陆离的老家的一个俗语。1970年代，躲避皮诺切特独裁统治而逃亡奥地利维也纳的智利难民，就将他们的难民营称为“马孔多”。他们的后人和来自其他地区的难民依然生活在那里。

《百年孤独》于1967年出版后，立刻被赞誉为继《堂吉诃德》以来最伟大的西班牙语小说。首个英译本出版于1970年，自此以后，它就登上了世界文学之巅且荣获了多项大奖，包括1982年的诺贝尔文学奖。其影响甚广，V. S. 奈保尔、托尼·莫里森、萨尔曼·鲁西迪等人都应该感谢马尔克斯大大拓宽了他们以及我们的现实。

初版由布宜诺斯艾利斯的苏达梅里卡纳编辑出版社于1967年出版

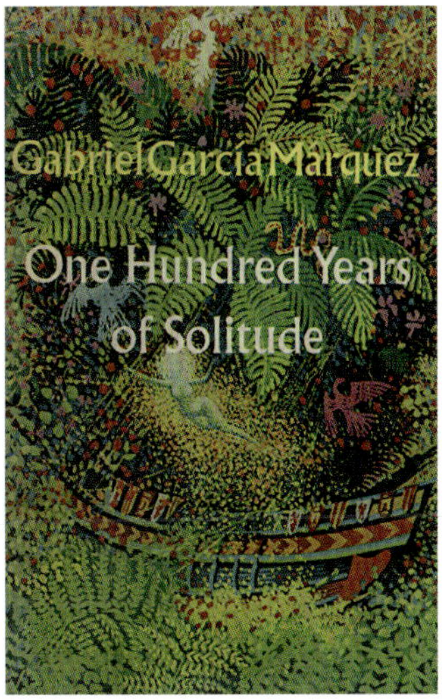

最初的英译本由纽约的哈珀与罗出版社出版于1970年

头顶着一本其他南美洲版本的《百年孤独》的马尔克斯

《我知道笼中鸟为何歌唱》

玛雅·安吉罗

（1969 年）

遭遇拒绝才让她下定了决心，遭遇偏见才让她取得了成功。这本书是安吉罗七卷自传的头一部，从其襁褓之时一直写到她当上妈妈。她坦露了自己遭受种族歧视和被人欺侮的经历，这让此书成为许多读者的必读书目之一，同时也被其他人列为禁书。

1960 年代，玛雅·安吉罗（1928—2014）已经是一位成功的诗人、剧作家了，并且还是一位积极为非裔美国人争取民权的社会活动家。她与马尔科姆·艾克斯及马丁·路德·金共事，直到看到他们遇刺身亡——马尔科姆于 1965 年，马丁·路德·金于 1968 年 4 月 4 日，也正是安吉罗四十岁生日那天。两人的死令她深陷抑郁，她的友人詹姆斯·鲍德温为了让她能从中走出来，建议她写一本文学性的自传——也就是要带着小说家的情感去写，而非仅是按时间顺序记叙历史。

班坦出版社的平装本，副标题为“一位天才黑人女性的感人而优美的自传”

于是就有了《我知道笼中鸟为何歌唱》，其标题出自诗人保罗·劳伦斯·邓巴的一句诗，整本书都透露出一种诗人特有的对文字力量的感觉。的确，这本书的主题之一，就是有关诗歌和戏剧在年轻的玛雅的生活中所发挥的救赎作用。她在一个种族隔离严重的南方小镇的成长过程中发现了莎士比亚；她为在法庭上说谎而内疚得说不出话后，又因为大声朗读文学作品找回了自己的声音。

安吉罗并未按时间顺序排列重要事件，而是使用插曲，将其放在书中能有最强烈影响的地方。因此，玛雅十岁时经历的一次种族歧视，在书中出现得要早于她八岁时被母亲男友性侵和强奸。如此一来，安吉罗重获了对往事的控制，她当时无力阻止这些事发生，现在则可以让它们为己所用。这本书的叙事推动力正是玛雅要掌控自己人生的决心。从某种意义上说，它就是为女性以及非裔美国人反抗压迫提供的一系列经验教训。也正因为此，它是一本成功的书。她谈到自己母亲时说道：“她知道生活反常的地方就在于斗争中蕴藏着快乐。”

最初的兰登书屋精装本

玛雅通过不停纠缠一个持种族偏见的雇佣职员，成为旧金山市首位非裔美国人电车售票员。《笼中鸟》结束于她唯一的儿子的降生，这是她决定与一位十几岁的同班同学尝试发生性关系的结果。虽然这既不特别令她愉悦，也并未让她特别激动，但这仍然是一个积极的选择，同早年遭受的强奸完全不同。玛雅完全凭借其坚韧的性格，克服了她曾受到过的性和种族虐待的经历。正如她写道：“你可能会遭遇许多挫败，但你一定不能被打倒。”

这本书立刻就成了畅销书，当时妇女解放和黑人平权都是激进政治关注的重点。它的成功印证了当时仍处于社会边缘的妇女与黑人的经验。安吉罗对性别、性欲以及种族主义的生动描述，使这本书在一些图书馆和学校遭到了禁止。不过也正是因为那些描述，它被频频选入学校的教学大纲，要么是单独入选，要么是作为讨论相近问题的书籍的配套读物。《我知道笼中鸟为何歌唱》道出了20世纪三四十年代非裔美国人的可耻经历，也因此值得被各种肤色的人仔细阅读。

《观看之道》

约翰·伯格

（1972 年）

《观看之道》是一部极为重要的艺术批评和女性主义著作。伯格将我们观赏艺术时的语境与艺术的创作过程相联系，改变了我们看待绘画，尤其是那些描绘女性的绘画的方式。

约翰·伯格（1926—2017），艺术家、艺术教师、艺术评论家、小说家、编剧、随笔作家、诗人。他是个多面手，并且在1972 年向世人极佳地展示了他的大部分才能。那年 1 月，他在英国主持了一部名为《观看之道》的 BBC 电视系列片，同年 12 月，他的实验小说《G》获得了两项大奖的第二名。在此期间，他写就了七篇文章，后成书出版，囊括了他在同名电视节目中阐述的思想。

伯格以社会政治视角看待艺术的方法，转变了我们观看艺术的方式。他的《观看之道》与 1960 年代末、1970 年代初的激进左翼思想相契合。他自己便是一位坚定的马克思主义者，其早期的一部文集标题即为《永恒的红色》，1972 年的小说《G》的封面也是红底白字。他将他因《G》所获得的布克奖奖金的一半，都捐给了英国黑豹党运动。

《观看之道》从哲学角度探讨了我们如何观看美术作品。伯格所说的“观看”，既是艺术家处理其主题的方式，亦是观看者凝思艺术成品的方式。这是一部相对简短的小书，他在其中引用了一些现存的理论以及他自己的理论，并将它们以简明、易读的方式提出。它至今仍然既是艺术，也是社会或政治研究领域学生的核心读物。

伯格论证说，艺术家的观念是基于时代的信仰与价值观。因此，比方说，中世纪的艺术家将地狱描画成遍布烈焰的所在，是因为人们都认为地狱就该是这样。其他场景的画法也同样取决于时代的文化价值观。静物画所展示的并非单纯的物件，而是奢华、财富和所有权。

肖像画终究通常只是为了取悦委派画家为其画像的男性家长，以及为了彰显其拥有的头衔、社会地位和家族。寓言和《圣经》题材绘画中的人物形象虽然表明了画家的虔诚，但亦是如此。伯格费了不少笔墨思考绘画中的裸体，尤其是女性的裸体。他写道，“裸体”（naked）与“裸像”（nude）具有语义上的分别，前者仅指一丝不挂，后者指的是被观看的裸体；前者只是一种未穿衣服的状态，后者则是成了另一种衣服。

大多数的古典画家所画的理想裸体女性，并不看画中的其他人物，而是直视画外的观看者——最初就是委派画家作画的男人，即这幅画的所有者。伯格提出女性已经学会了像画作所有者那样从男性视角出发，而非以女性视角观看自身。他说道：“男性在观看女性。女性看到的是自己被人观看。这不仅决定了男性与女性之间的大部分关系，同时决定了女性与其自身的关系。”

他总结道，现代的广告也以同样方式运作，将男性的理想强加在女性或物的图像上，这关系到的是所有权而非现实性。如果说美只存在于观看者的眼中，约翰·伯格则鼓励我们越过眼前的油彩，去理解艺术家、主顾和现代观众眼中美的文化语境。

《观看之道》来自约翰·伯格主持的BBC同名电视系列片。他在书中论述道，当我们观看绘画、照片与图像艺术时，我们不仅是在看，而且是在解读这些图像的语言

《禅与摩托车维修艺术》

罗伯特·M. 波西格

（1974 年）

后嬉皮士时代的大众心理学。波西格定义时代的半自传体小说记叙了一场从明尼苏达州到西海岸的公路旅行，在本田摩托车的靠背上漫谈得到开悟的种种方法。这是一本在恰当时间、恰当地点出现的恰当的书。

杰克·凯鲁亚克出版《在路上》的十七年后，人们在罗伯特·波西格的《禅与摩托车维修艺术》里，又看到了另一位作者踏上了另一场公路之旅，在一个全然不同的美国里追寻答案。1960 年代——闲散的、滥用药物的凯鲁亚克的一代——此时已经剧烈地结束于 1969 年的阿尔塔蒙特公路音乐节以及民权运动造成的动荡之中了。

在一个变得更加严肃的世界里，对于 1960 年代的“花儿”们来说，突然需要适应 1970 年代让他们许多人陷入了哲学的迷惘。嬉皮士抵制 1970 年代的工业化和军国主义，但这些趋势不需要它们仍会继续下去。在音乐上，他们在权力归花儿（美国 1960 年代反文化运动口号，来自诗人艾伦·金斯堡）与朋克摇滚间徘徊，浸淫在第二波重型摇滚、泡泡糖流行乐和缺少灵魂的迪斯科舞曲之中，他们“活在当下”的哲学看起来不再适用了。

罗伯特·波西格（1928—2017）在《禅与摩托车维修艺术》中探索的正是这种精神的缺失感。这本书改编自波西格与其子克里斯托弗在沙德兰夫妇的陪同下于 1968 年进行的一次十七天的旅行。沙德兰夫妇对生活和摩托车维修都持一种浪漫的态度。他们活在即刻，全然接受生活抛给他们的一切；如果他们的摩托车坏了，他们不过就叫个师傅。波西格则不同，他会不停修整他的摩托车，确保它能运作顺畅，一开始就不会坏掉。

此书对比了沙德兰夫妇那种追求被动、超验的领悟的非理性作风与波西格的处世之道。波西格作为一位哲学讲师，旨在以与理解摩托车维修相同的方式理解心灵的运作。波西格试图调和这两种思潮——1960 年代的与 1970 年代的，被动的与主动的，直觉的与习得的——并将这种情形比作美国内战：“两个世界彼此间的疏离和憎恨与日俱增，人们怀疑如果说这是常态，那么一个家庭就会四分五裂。”波西格所做的不亚于融合东方的与西方的哲学。“这项工作太巨大了，”他承认道，“这就是为什么有些时候我看起来徘徊不前了。”

最初精装版由莫罗出版社出版于 1974 年，副标题为“探寻价值”。这里展示的 1976 年版的柯基平装本，将副标题替换为了一个更直接的声称：“本书将改变你思考和感受你的生命的方式”

思想的分裂也反映在波西格本人身上。他几年前被诊断出精神分裂症，已经进行了数次电疗，这影响了他的记忆力，切断了他与其先前自我的联系。波西格在这本书里描述了治疗状况，他的旅行亦是在尝试重新统一他分裂的自我——《禅与摩托车维修艺术》里的无名叙事者与叫作斐德罗的鬼魂，分别就是他这两部分自我的体现。

这本书穿插了哲学沉思以及这伙人一路上发表的对美国更为直白的感想。据波西格说，它曾被 121 家不同的出版社拒绝出版，直到有个人将其推荐给了他的董事会，并说了这样一番话：“这本书才华横溢，令人难以置信。它或许是部天才之作，我敢说它也一定会跻身经典之列。”头一年它就卖出了 100 万册。鉴于数十年间的文化变迁和随之而来的精神错位都出现得非常有规律（大概每隔十年），罗伯特·波西格的《摩托车》似乎只要稍加修补，就一定会继续“跑下去”。

《时间简史》

斯蒂芬·霍金

（1988年）

《时间简史》介绍了没有方程式的大科学。霍金的这部副标题为“从大爆炸到黑洞”的著作，意在向非科学专业者讲解宇宙及其中的万事万物，取得了极大的成功，迄今已销售了约2000万册。这对于一个本以为自己时日不多的人来说是一项巨大的成就。

斯蒂芬·霍金（1942—2018）二十一岁时就被诊断出患有肌肉萎缩性侧索硬化症。疾病渐渐麻痹他的全身，霍金被认为只能再多活两年，却安然步入了古稀之年，不仅写作、发表公开演讲，还定期做客于诸如《生活大爆炸》《星际迷航：下一代》和《飞出个未来》等大众电视剧中。他用脸颊肌肉运动控制的电子合成的“嗓音”辨识度极高。

《时间简史》是他的首部著作。霍金在其中为自己设置了一个野心勃勃的任务，即向普通读者介绍宇宙学知识：宇宙是如何诞生、如何运作以及可能如何终结。首先，他从历史角度审视了人类对宇宙的看法是怎样在这几千年间变化发展的。空间的历史也正是自大爆炸以后展开的时间的历史。霍金处理了在不断膨胀的宇宙中的三种时间（如果算上想象时间的话，是四种）的本质。此书以后的版本甚至还探讨了时间旅行的可能性。

霍金不单满足于引领我们穿过无穷大的事物，他还触及了空间中最微小的粒子，也就是构成物质团块的各“色”各“味”的夸克与反夸克。最后，在谈及两种适用于宇宙研究的科学理论——量子力学与广义相对论——时，他设想了建立一套能将这两者统一起来以解释万事万物的综合理论的可能性。

“上帝在创造宇宙之前都做些什么？”他问道。圣奥古斯丁提出过这个问题，并且回答说并没有这个“之前”，因为上帝发明了时间，并且只把它当作宇宙的一个属性。这个答复对于霍金来说太过含糊。好像全部的科学都是不够用的，他也会提出这样笼统的哲学问题，但他是一个毫不避讳的无神论者。他写道，科学家都太过忙于解释事物而无暇问“为什么？”，哲学家则太拘泥于事物的缘由问题以致赶不上科学。因此，在某种意义上，霍金也正是在追求能将哲学与科学统一起来的理论。

霍金的出版商拒绝了他提交的初稿。那是一部专业性过高的著作，正如出版商指出的，他书里的每一个方程式（初稿中有大量的方程式）都将令其读者人数减半。没有人愿意读数学著作。在出版了的版本中，有用的图解随处可见，不过霍金删掉了几乎全部的方程式，只保留了一个：爱因斯坦著名的“$E=mc^2$”。

《时间简史》的第一版，在其出版后的五年里一直位列《伦敦星期日时报》畅销书榜。霍金简洁、有趣而又明晰的文字为读者们介绍了虫洞、螺旋星云以及超弦理论等

2005年，他与通俗科学作家伦纳德·姆洛迪诺合作完成了《时间简史》的普及本。1988年的完整版在其出版后的五年内一直名列图书畅销榜。斯蒂芬·霍金，这位1970年代起就得到认可的杰出科学家，现如今更是被誉为传播知识的伟大使者。他向数以万计的非科学专业读者介绍了科学中最重要的科学，同时也介绍了一些哲学方面的知识。

《鼠族》

阿特·斯皮格曼

(1991年)

以对父亲的访谈为出发点，斯皮格曼找到了书写大屠杀的新方式，由此一部漫画小说应运而生。这本难以归类的书现今已成了当代经典。

“漫画小说”这一术语出现于1964年，然而自19世纪初，就已经有卡通画和连环画被编辑成书了。20世纪以来，超级英雄故事和奇幻故事使得这一体裁有了新的发展方向，这都要归功于斯坦·李和雷蒙德·布里格斯，后者自1970年代起画了更多的哲理性漫画小说，描述了其主人公们的乏味生活。

然而，《鼠族》将漫画小说提到了新的高度，其形式、内容和风格都成了严肃学术讨论的主题。它通过聚焦于一个人对过往的痛苦记忆，叙述了真实而恐怖的历史事件，同时描述了纠葛的亲密关系以及大规模发生的残酷行为。其最主要的主题是罪感。

《鼠族》记叙了一位波兰的犹太人在纳粹大屠杀中的亲身经历。这是一个真实的故事。这个从奥斯维辛中幸存下来的人就是阿特·斯皮格曼的父亲弗拉德克。父亲的记忆被框进了斯皮格曼（生于1948年）为将父亲战时回忆写入《鼠族》而采访父亲的现代场景之中。采访的场景又被框进了一个元叙事层面，在这一层面，斯皮格曼纠结于如何运用他从采访中获得的材料。

斯皮格曼以不同方式探讨了罪感。管理集中营的纳粹党人明显是有罪的，却没有负罪感。阿特与他父亲的关系也不简单。阿特为自己没能成为一个更好的儿子而自责，还为没能公正对待父亲的故事而内疚。弗拉德克也肩负着一定的负罪感，因为他在 1968 年阿特母亲自杀后将她留下来的宝贵日记付之一炬。而母亲的死，阿特也自认为负有责任。

阿特与弗拉德克都体验到了幸存者所有的负罪感——弗拉德克是因为有太多犹太人同伴罹难；阿特则是因为他的兄长在他出生前就于战争中遇害。阿特还为自己比父母命好太多，以及为该如何看待发生在他出生前的大屠杀而倍感内疚。

《鼠族》分两卷分别出版于 1987 年和 1991 年，进而成为首部荣获普利策奖的漫画小说

斯皮格曼在《鼠族》中将犹太人表现为老鼠，将德国人画成猫——这指的是纳粹试图彻底消灭细菌般的犹太人。不同的物种强有力地比喻了纳粹德国的阶级与种族区分。种族主义仍然流传到了一幕当代场景中：纳粹种族主义的受害者弗拉德克因为阿特某天搭载了一个搭便车的黑人便大发雷霆。

斯皮格曼起初于 1980 年至 1991 年间将《鼠族》放在杂志上连载。其最初的图书版本分为两部，分别出版于 1987 年与 1991 年。《鼠族》既具有经典小说的文学深度，同时兼具绘画大师的精湛技艺。这本书的分类造成了极大的混乱，人们不清楚该将它置放在书店的何处。它同时是艺术类图书、传记文学、自传、历史类图书、回忆录以及漫画书。图书产业直到 2001 年才采用了“漫画小说”这一类别，而在斯皮格曼于 1991 年荣获普利策奖时，评审避免了分类问题而颁给了他一个“特别奖项”。这本别具一格的书现今已被翻译成了 30 多种语言，仍旧继续影响和撼动着这个世界。

《哈利·波特与哲人石》

J. K. 罗琳

（1997年）

这本书令孩子们爱不释手。作者乔安妮·罗琳将自己名字改为“J. K. 罗琳”，是因为她的出版商认为小男孩会更偏爱男性作家。迄今为止，有大约四亿的男孩、女孩和成年男女购买了这部书及其六部续集。

有人会既没读过这本书又没看过电影吗？《哈利·波特与哲人石》的全面成功建立起了一整套市值约150亿美元的全球电影、图书和周边产业，并为其作者J. K. 罗琳（生于1965年）赚取了约10亿美元。这本书在美国出版时更名为《哈利波特与魔法石》，于1998年登上了《纽约时报》虚构类图书销售榜首位，并保持了近一年之久。其势头最终告一段落，还是因为报纸将销售榜拆分为了成人与儿童小说两类，为了满足那些希望自己的图书也能冲上榜首的成人小说出版商的要求。

哈利·波特是个孤儿，他十一岁获准进入霍格沃茨魔法学校学习时才发现自己是个天生的巫师。《哈利·波特与哲人石》讲述了他在魔法学校第一年的扣人心弦的经历。特别是，他必须阻止邪恶的巫师伏地魔，后者谋害了他的双亲，并且想要窃取能带来永恒生命与无尽财富的哲人石。

表面上，这本书只是一部关于制止犯罪的快节奏惊悚小说，但它有着丰富的深层次主题，这也是它为何能取得现象级的成功。这些主题不仅引起了年轻读者的普遍关注，也吸引了相当多的年长读者。朋友与家庭的重要性贯穿全部七部作品，并且在最开始，就通过哈利令人讨厌的养父母与因为爱舍命救了他的母亲之间的对比做了交代。他在霍格沃茨的许多老师都是极为重要的父亲形象。而他在学期间建立起来的好友圈子——尤其是赫敏和罗恩——在他的全部冒险中给予了他力量与支持。

哈利在学校时也像其他孩子一样享受成功和受人欢迎，不过他对于自己所取得的成就却总是非常谦逊。他遵从学校严格却合理的规定，只有在拥有强有力和无私的理由时，才会违反校规。对权威的谦卑和恭顺通常来说是好的，但人也应该尽力独立思索出正确的行动方向。若非出自私心，咒语和药剂的使用都会发挥有益的作用，但如果是出于伏地魔之手而为满足贪欲，那就会非常危险。

小说确有一条暗线，那就是死亡。罗琳的角色们花费了许多时间从哲学角度探讨了这个问题。死亡是生命循环的一部分。正如哈利的校长邓布利多教授在临近全书终了时说的：“死亡不过是下一次伟大的冒险。”哈利母亲对他的爱使他逃过一劫，而伏地魔（“伏地魔”的意思是“逃离死亡”）也正是被克服死亡的欲望所驱使，只不过他对永生的追求里没有爱，为此他付出了巨大的代价。

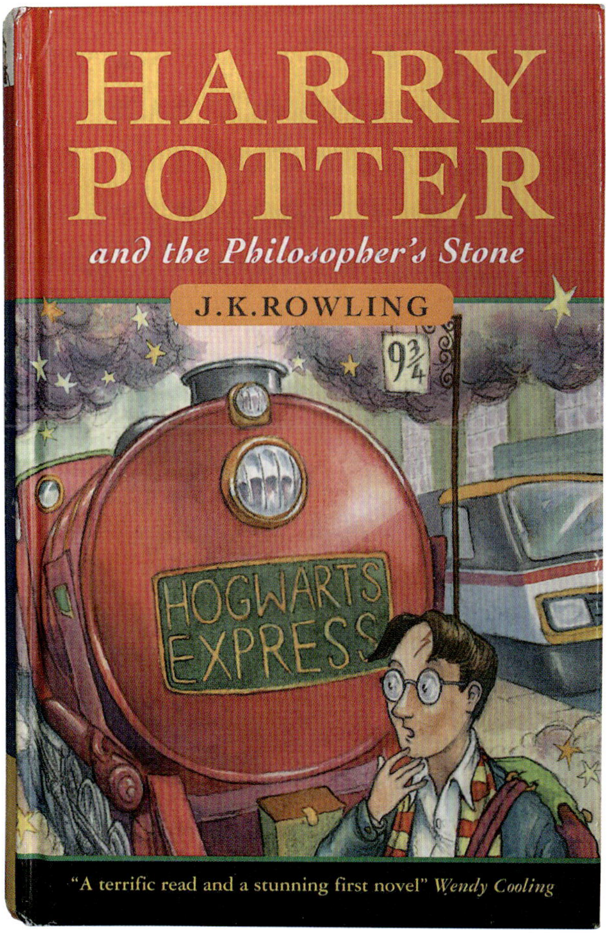

初版由布鲁姆斯伯里出版社于1997年出版，只印了500册。现今，这本书已售出了约1.07亿册

《哈利·波特与哲人石》在全世界引发了宗教保守主义者们的抗议，他们担心这部书会助长黑魔法的使用。然而，它非常清晰地表明了孩子们既具有好的品质，也具有不好的品质。哈利·波特与伏地魔所代表的正邪之间的对抗也得到了明确的划分。忽略书中充满的各式魔法，《哈利·波特与魔法石》仍然是一篇老派、格调颇高的道德故事。

《改变一切：气候危机、资本主义与我们的终极命运》

娜奥米·克莱恩

（2014年）

克莱恩称现今世界的经济发展模式是对有限资源的无限耗费，利益已经被摆在了存续问题的前头。《改变一切》紧急呼吁人们采取集体行动应对环境问题以及重新审视我们对未来的期望。

加拿大作家娜奥米·克莱恩（生于1970年）以经常与大人物较量而闻名。她的著作《No Logo：颠覆品牌全球统治》（1999年）严厉抨击了企业的全球化过程，并使她声名鹊起。在《休克主义》（2007年）中，她批评新自由主义者借国家与全球危机之时、国民无力反对之际推行备具争议的政策。《改变一切》是她展开论辩的“三部曲”中的第三部，表明了她中间偏左的政治立场。

克莱恩再度着眼于愈发横行无忌的资本主义市场所造成的全球性损害。然而，她这次关注的并非社会问题，而是环境问题。随着大量科学证据的涌现，全球变暖已是不容置疑的事实，因而也就不能指望跨国公司为我们星球的延续采取任何负责任的行动。这些公司自身的存续取决于没有节制的消费主义、要求经济不断增长的大股东们以及为制造产品所进行的对有限自然资源的持续榨取。

政府将权力让渡给企业，因为大多数西方经济体的成功之道在于永远保持现状。破坏性的垄断和犬儒式的贸易协定就是其结果。正如克莱恩写到的：“我们的经济体系与我们的行星系统正在激烈交火。解决环境危机需要一套完全不同的经济体系。”

我们都应该发挥自己的作用。作为消费者，我们务必要学会降低消耗，不要只凭我们拥有多少新物品来定义我们自己。我们的政府务必多投资于对环境友善的系统，从自行车网络建设到再生能源开发。我们的企业务必重新定义成功的标准，将生态与社会目标纳入考量，而不是单纯追求不可持续的永续增长。既然我们不可能指望政府与商业巨头做出表率，我们就必须——克莱恩慷慨激昂、令人信服地号召普通人为地球而非自己行动起来——为了未来作出共同的牺牲。

《改变一切》——克莱恩反全球化三部曲中最乐观的一部——于 2014 年纽约召开的联合国气候峰会前一周出版。书中所号召的一些集体行动开始于峰会期间。在纽约以及世界各地，有超过五十万民众加入了“民众气候大游行”的队列。

峰会的一个结果是于次年在巴黎召开了探讨气候变化的联合国会议，会上公布了《巴黎协定》。签约国承诺将采取措施应对全球变暖。尽管《协定》并未给各国规定明确目标，也不具备迫使各国履行承诺的效力，但它起码是由各国政府所迈出的鼓舞人心的第一步。

然而，被解除了脚镣的自由资本主义绝不会不战而降。2017 年 6 月，唐纳德·特朗普总统宣布美国撤出《巴黎协定》。不仅在欧洲，美国的许多民众也感到沮丧。一些人士组建了“美国气候联盟”，继续追求《巴黎协定》的目标。克莱恩的下一部著作《说“不”还不够：抵制特朗普的休克政治，赢得我们所需的世界》也于当月出版。

《纽约时报》称《改变一切》是“继《寂静的春天》以来最重要和最具争议性的环境类图书”